Il debito pubblico italiano

un fardello che si autoalimenta

Marco Notari

L'attenzione al debito pubblico di un Paese è oggi altissima, per quanto esso rappresenti da sempre un problema di notevole importanza per le casse dello Stato e il futuro di esso e dei suoi cittadini.

Un debito sovrano elevato è infatti una tassa sulla crescita, un elemento che, in un contesto economico e sociale straziato da una spirale negativa, condiziona tutti i settori dell'economia e aumenta la probabilità di default dello Stato stesso.

Il debito pubblico italiano ha raggiunto livelli ormai insostenibili da diversi anni, sia in valore assoluto, sia espresso in rapporto al PIL, e negli ultimi quaranta, al netto del biennio a cavallo dell'avvio della circolazione dell'euro, dove il rapporto debito/PIL si è mantenuto intorno al 100%, il suo incremento, complice anche il ricorso continuo a scelte politiche prevalentemente di breve periodo e spesso con finalità sfacciatamente elettorali, ha subito addirittura un'ulteriore accelerata.

E la corsa, complice la pandemia covid-19, procede a ritmi esagerati.

A gennaio di quest'anno abbiamo infatti assistito ad un nuovo record, col dato che a fine mese, secondo quanto comunicato dalla Banca d'Italia, si era attestato a oltre 2.603 miliardi di euro rispetto ai 2.569 miliardi di inizio mese. L'incremento mensile è stato di circa 34 miliardi di euro e rispetto al dato dello stesso mese dello scorso anno, 2.444 miliardi di euro, il debito pubblico è cresciuto di oltre 159 miliardi.

Prendendo come riferimento la rilevazione di Bankitalia relativa al mese di febbraio 2020, cercando quindi di dare una lettura del fenomeno al netto dei disastri provocati dall'epidemia Sars-Cov2, che dai principi di marzo dello scorso anno ha condizionato, e sta continuando a farlo, la nostra vita, le nostre abitudini e l'economia nazionale e mondiale tutta, il debito pubblico italiano toccava quota 2.447 miliardi di euro rispetto ai circa 2.444 miliardi del mese precedente.
A fine 2019 il dato era pari a poco meno di 2.409 miliardi, 38 miliardi in più rispetto a quanto rilevato al 31 dicembre 2018 (2.381 miliardi), ma comunque ben lontano dal massimo storico registrato a luglio 2019 (2.467 miliardi), quando il Paese, autorelegatosi in uno scenario esclusivamente propagandistico, figlio di un regolamento di conti tra le compagini parlamentari che reggevano l'esecutivo di allora e che il mese successivo sfocerà in una definitiva rottura, e ormai immobile di fronte alle questioni politiche in senso stretto e nel campo economico, si prestava alla speculazione internazionale con una facilità a dir poco disarmante.

In termini di rapporto debito/PIL a febbraio 2020 viaggiavamo intorno al 140% e la situazione attuale e nell'immediato futuro non può che tragicamente peggiorare, bruciando anche l'effetto positivo dovuto al calo degli interessi che si sta registrando, più o meno costantemente, dal 2015.

E a proposito di interessi sul debito, nel 2019 questi avevano raggiunto il 3,4% del PIL (dal 3,7% dell'anno precedente), mentre l'avanzo primario l'1,7% (dall'1,5%), crescita evidentemente insufficiente anche a coprire i soli primi.
Scenario, quest'ultimo, già da solo in grado di evidenziare quanto possa essere praticamente impossibile in futuro generare ricchezza aggiuntiva per abbattere il debito pubblico (che non è altro che l'anticipo di redditi futuri) attraverso la tassazione.

In realtà, molti tentativi sono stati messi in campo per frenare, o quantomeno rallentare, la crescita dell'esposizione debitoria italiana, ma tutto è stato vanificato da scelte amministrative particolarmente "bizzarre", se non quasi esplicitamente clientelari, in passato, e dalla crisi economica che ormai da oltre un decennio sta deprimendo l'economia nazionale e dalla quale, salvo qualche semestre di timide riprese, stentiamo ad uscire, finendo per distogliere, in tanti casi, ancor più l'attenzione delle istituzioni nazionali dall'oggetto sociale che dovrebbe orientare l'attività economia e finanziaria dello Stato, vale a dire il perseguimento del benessere dei propri cittadini.

Da un paio di anni, inoltre, si parla di interventi straordinari per cercare di riportare il debito pubblico a livelli più adeguati tirando in ballo una possibile patrimoniale, magari ridefinendola con un nome diverso. Di fatto ci sono circa 1.500 miliardi di euro parcheggiati sui conti correnti dagli italiani ed è un tesoretto che potrebbe ingolosire molti.

Il mondo della politica ha finora escluso tale scenario, ma spesso il lavoro sporco lo si fa fare ad un tecnico, magari che goda anche di una certa autorevolezza in campo internazionale.
Sfumata più volte recentemente tale prospettiva, sarà l'emergenza covid-19 a dare il la ad un governo tecnico o "di emergenza nazionale" e ad un provvedimento di questo tipo?

***

Diversi anni fa ho avuto il piacere di collaborare con due testate giornalistiche online e diversi blog ed ho scritto prevalentemente di economia e finanza.
Erano gli anni del boom del citizen journalism e del web 2.0, dell'ingresso di Facebook nella quotidianità dei cittadini e dell'esplosione, caratterizzata da successi e illustri fallimenti, dell'e-commerce e dei quotidiani online.
Ed erano anche gli anni della crisi dei sub-prime, che di lì a poco si sarebbe fatta sentire anche in Italia e Europa, del crack Lehman Brothers e dell'improvviso senso di sfiducia che ha pervaso i mercati, l'economia e i cittadini e che ancora si aggira come uno spettro sul Vecchio Continente e nel Belpaese.

Argomenti quali crisi internazionale, speculazione sui debiti sovrani e stretta creditizia hanno preso il sopravvento su quant'altro accadesse in quel periodo e spesso mi sono ritrovato a scrivere di questi dando vita ad un'interminabile sequenza di necrologi economici e sociali.
Gran parte di quegli articoli, di quei post e delle fonti utilizzate per redigerli mi hanno fornito lo spunto per

questo lavoro, che ho volutamente chiuso ai principi del 2020, in concomitanza con la decretazione del primo lockdown per pandemia covid-19. Un'altra battuta d'arresto che, come le precedenti, ha forse fatto capire, ma mi riservo seri dubbi in merito, che è giunta l'ora di rivedere i concetti di crescita e sviluppo superando ogni teoria economica classica e ponendo finalmente al centro di essi l'uomo nella sua unicità e quale membro della società.

Perchè, se il socialismo reale è fallito, il capitalismo non se la passa per niente bene. Anzi, a dirla tutta e senza mezzi termini, considerando quanto stia costando ai cittadini questo perseverare su ricette unte e bisunte in fatto di tassazione d'emegenza, precarietà sociale, tagli dei servizi essenziali e rivisitazione al ribasso di ogni sogno, anch'esso versa ormai in uno stato comatoso perenne dal quale resuscita saltuariamente, grazie soprattutto alla socializzazione delle perdite che fa da contraltare alla privatizzazione degli utili, giusto per accendere brevi fasi caratterizzate da sentiment positivi.

Anche se, come sosteneva l'illustre Keynes, "il capitalismo non è intelligente, non è bello, non è giusto, non è virtuoso e non mantiene le promesse. In breve, non ci piace e stiamo cominciando a disprezzarlo. Ma quando ci chiediamo cosa mettere al suo posto, restiamo estremamente perplessi."

MN

Sommario

Ogni generazione pensa di essere
più intelligente di quella
che l'ha preceduta,
e più saggia di quella
che verrà dopo di lei.

(G. Orwell)

1. Il debito pubblico

Uno Stato sostiene una spesa pubblica per garantire servizi ai propri cittadini, supportare la propria crescita economica e i propri investimenti e finanziare il proprio deficit, situazione che si verifica se le uscite superano le entrate relativamente ad un singolo esercizio finanziario. Quando questo denaro viene chiesto in prestito lo Stato contrae un debito, definito, appunto, debito pubblico.

In termini più propriamente tecnici il debito pubblico può essere definito come l'ammontare complessivo del debito che uno Stato contrae e ha contratto nel passato per far fronte al proprio fabbisogno ed è pari al valore nominale di tutte le passività lorde consolidate delle amministrazioni pubbliche (amministrazioni centrali, enti locali ed istituti previdenziali pubblici).

Il debito viene contratto con soggetti pubblici e privati, nazionali o esteri: i creditori, in pratica, vanno dal singolo risparmiatore alle imprese, alle banche, agli Stati.

Esso è costituito da monete, biglietti e depositi, prestiti e titoli diversi dalle azioni, con l'esclusione di strumenti finanziari derivati, ma lo strumento finanziario più utilizzato (su scala mondiale) per raccogliere il denaro (e quindi contrarre il debito) è l'emissione di obbligazioni a breve, media e lunga scadenza, vale a dire i Titoli di Stato.

Per quanto riguarda l'Italia, i Titoli di Stato vengono emessi dal Ministero del Tesoro.
Ed è proprio l'ammontare degli interessi sul debito a sbilanciare i conti verso il segno negativo nel nostro Paese: considerando la sola spesa pubblica, messa a confronto con il totale delle entrate, il bilancio dello Stato sarebbe in attivo (condizione che si definisce avanzo primario).

1.1 La composizione del debito pubblico italiano

Le passività finanziarie italiane sono costituite da titoli obbligazionari e monetari statali, da emissioni di enti locali e, in misura minore ma comunque significativa, da prestiti e mutui speciali di banche e altre società finanziarie, conti correnti, buoni fruttiferi e depositi postali presso il Tesoro.

L'84% circa del debito pubblico italiano è rappresentato da titoli di Stato che vengono collocati sul mercato tramite asta con cadenza mensile e gran parte della quota di debito è detenuta dagli investitori sotto forma di Buoni del Tesoro pluriennali, BTp e BTp€i, che rappresentano quasi il 67% del totale dei titoli di Stato in circolazione, sebbene anche BoT, CTz e CcT siano particolarmente noti e discretamente diffusi tra i creditori.

1.1.1 I Buoni del Tesoro pluriennali

I Buoni del Tesoro pluriennali (BTp) sono titoli obbligazionari a tasso fisso a medio-lungo termine. Sono emessi, con appositi decreti, dal Ministero dell'Economia e delle Finanze (MEF), che ne stabilisce importo, taglio, durata, livello delle cedole e modalità di assegnazione.

Essi pagano una cedola semestrale fissa determinata prima dell'emissione e sono collocati mediante asta marginale circa ogni mese.

Alla cedola semestrale e allo scarto di emissione, vale a dire la differenza tra il prezzo di emissione e quello d'asta, è applicata una ritenuta fiscale alla fonte a titolo definitivo pari, attualmente, al 12,50% (contro il 26% sancito per le obbligazioni private).

Stessa aliquota che si applica anche al cd. *capital gain*, la plusvalenza eventualmente conseguita dalla vendita del titolo, a patto che questa sia avvenuta in periodi diversi da quelli di emissione e rimborso.

Nel giorno successivo al collocamento, i Buoni del Tesoro pluriennali sono ammessi alla Borsa Valori con una quotazione a corso "secco": per calcolare il prezzo effettivo d'acquisto, quindi, occorre sommare alla quotazione il rateo della cedola maturato e non ancora pagato, oltra la commissione dovuta all'intermediario.

Le banche centrali dei Paesi UE, per preservare la propria autonomia nelle politiche di finanziamento dello Stato, non possono sottoscrivere titoli di Stato in fase di emissione, ma soltanto acquistarli successivamente sul mercato secondario.

Il rendimento di un BTp, come per ogni titolo obbligazionario a tasso fisso, si può calcolare secondo tre diversi criteri:

- il tasso di rendimento nominale (TRN), quale rapporto tra il valore della cedola periodica e il valore nominale (o il prezzo di rimborso);

- il tasso di rendimento immediato (TRI), come rapporto tra il valore della cedola periodica e il corso "secco" del titolo;

- il tasso di rendimento effettivo a scadenza (TRES), il più completo, calcolato come tasso di sconto che eguaglia il prezzo tel quel del titolo al valore attuale dei flussi di cassa dello stesso (cedole e valore di rimborso).

Per quanto riguarda invece il profilo di rischio di un Buono del Tesoro pluriennale, esso tiene conto della sua durata finanziaria, *duration*, che, rappresentando una media ponderata delle scadenze dei flussi di cassa associati al titolo, indica la sensibilità del suo prezzo di mercato alle variazioni percentuali unitarie del suo tasso di rendimento.

1.1.2 I Buoni del Tesoro pluriennali indicizzati all'inflazione europea

I Buoni del Tesoro pluriennali indicizzati all'inflazione europea, più semplicemente BTp€i, sono titoli obbligazionari per i quali sia il capitale rimborsato a scadenza, sia le cedole semestrali sono rivalutati sulla base dell'inflazione dell'area euro. Il dato utilizzato per misurare è l'Indice Armonizzato dei Prezzi al Consumo (IACP) calcolato dall'Eurostat, comparto Tabacco escluso.

Introdotti nel 2003, i BTp€i sono titoli a medio-lungo termine, con scadenze a 5, 10 e 30 anni.
La prima emissione è avvenuta tramite la costituzione di un sindacato di collocamento, ma già da settembre 2004 sono stati collocati a mezzo asta promozionale.
Per calcolare il prezzo di sottoscrizione (acquisto) di un titolo in asta bisogna moltiplicare il prezzo di aggiudicazione in asta, il cd. prezzo marginale, espresso in termini reali, dunque al netto della componente di indicizzazione, per il Coefficiente di Indicizzazione, riferito alla data di regolamento dell'asta.

I BTp€i sono negoziati sia sul mercato secondario regolamentato dagli investitori istituzionali, il mercato all'ingrosso dei titoli di Stato (MTS), per operazioni non inferiori a 2,5 milioni di euro, sia sul mercato telematico delle obbligazioni e dei titoli di Stato (MOT), vale a dire il mercato secondario regolamentato per gli investitori al dettaglio, dove si possono acquistare e vendere titoli operando con un taglio minimo di 1.000 euro.

Il rimborso del capitale a scadenza avviene in un'unica soluzione ed è calcolato moltiplicando il valore nominale del titolo per il Coefficiente di Indicizzazione rilevato il giorno di scadenza.
Il coefficiente tiene conto della variazione dei prezzi avvenuta durante la vita del titolo.
Il capitale rimborsato, in ogni caso, non può essere inferiore al valore nominale di quest'ultimo: anche qualore il Coefficiente risultasse inferiore ad 1, l'importo da rimborsare sarà comunque pari al valore nominale del titolo.

Gli interessi semestrali lordi sono cedole variabili posticipate, calcolate moltiplicando il tasso cedolare per l'importo minimo sottoscrivibile del prestito e per il Coefficiente di Indicizzazione rilevato alla data di pagamento della cedola.
Il rateo d'interesse in corso di maturazione si calcola, a sua volta, moltiplicando il rateo di interesse relativo al tasso cedolare, calcolato secondo le convenzioni adottate per i BTp, per il Coefficiente di indicizzazione relativo alla data cui il calcolo si riferisce.
Se il BTp€i viene negoziato nell'intervallo di tempo compreso tra le date di pagamento delle cedole, l'acquirente sarà tenuto a corrispondere al venditore il totale degli interessi maturati dalla data di pagamento

dell'ultima cedola fino al giorno di regolamento dell'operazione.

I Buoni del Tesoro pluriennali indicizzati all'inflazione europea sono titoli pubblici emessi in Italia e dunque tassati alla fonte del 12,5% sui proventi derivanti dagli interessi semestrali ed eventuale capital gain.
Come per i BTp, anche per questi titoli è consentita l'operazione di *coupon stripping*, cioè la separazione e la negoziazione separata di cedole e "martello" (il titolo al netto delle prime).

1.1.3 I Buoni ordinari del Tesoro

I Buoni ordinari del Tesoro, BoT, hanno invece una diffusione più contenuta, ma in aumento, intorno al 7% del totale dei titoli emessi, in misura strettamente legata alla loro funzione di finanziamento del debito a breve termine.

Sono, infatti, titoli con scadenza breve emessi dal Tesoro per reperire risore destinate a coprire il debito fluttuante dello Stato, vale a dire il fabbisogno di cassa della tesoreria. Sono emessi in diversi tagli e con durata espressa in giorni in modo che la data di scadenza coincida sempre con un giorno lavorativo.
Il loro valore di facciata parte da un taglio minimo di 1.000 euro e la loro vita può oltrepassare i 365 giorni purchè la data di scadenza ricada nel mese corrispodente dell'anno successivo a quello di emissione.

I BoT non prevedono cedole (zero coupon), sono emessi 'sotto la pari' e rimborsati alla scadenza al valore nominale: la remunerazione del'investitore è data dalla differenza tra il prezzo di emissione e il prezzo di rimborso (al valore nominale), detta anche 'scarto di emissione', al netto dell'imposta sositutiva.

Per ogni emissione di BoT il MEF stabilisce gli importi, le caratteristiche, l'importo massimo che è possibile emettere nell'esercizio successivo, la durata, le scadenze, la serie e le modalità di assegnazione.

Il loro collocamento avviene tramite asta competitiva nei confronti degli istitutti di credito, di Poste Italiane SpA, delle società di intermediazione mobiliare (SIM) e degli agenti di cambio e sono ammessi alla quotazione sul MOT a partire dal giorno successivo all'asta. Passaggio, quest'ultimo, che consente ai risparmiatori di disporre di un prezzo di riferimento certo e di liquidare facilmente il proprio investimentio prima della scadenza.

La scelta degli ultimi esecutivi di aumentare le emissioni di BoT a discapito di quelle dei BTp sta consentendo quella riduzione degli interessi sul debito accennata in precedenza.

Essendo titoli di breve durata, infatti, essi sottendono un rischio finanziario per il creditore molto più contenuto rispetto a quelli di durata maggiore, richiedendo così una minore remunerazione di questo sotto forma di tassi d'interesse.

Si tratta di una decisione adottata ad ampio consenso dagli ultimi parlamenti italiani e che conferma anche di voler proseguire sulla via dei tagli alla spesa pubblica: senza, infatti, sarebbe complicatissimo reperire risorse nel breve-medio periodo così da coprire tali esborsi.

Per il calcolo del rendimento lordo e netto di BoT di diversa scadenza si fa riferimento al prezzo ufficiale d'asta, ottenuto come prezzo medio ponderato (arrotondato) delle domande di titoli soddisfatti in asta, rapportando gli interessi, rappresentati dalla differenza tra il prezzo di rimborso - o valore nominale - e il prezzo d'acquisto al capitale inizialmente investito (rappresentato dallo stesso prezzo d'acquisto).

Come per qualsiasi altro titolo zero coupon, per il calcolo del rendimento si può ricorrere ad un regime di capitalizzazione semplice, (partendo dunque dall'ipotesi che alla scadenza venga reinvestito solo il capitale iniziale), o composta (sono reinvestiti anche gli interessi maturati durante l'investimento).
In presenza di BoT annuali, i due indicatori coincidono. La differenza sostanziale tra i due criteri si rileva invece in presenza di un BoT con scadenza inferiore ad un anno, perchè i rendimenti sono espressi sempre su base annua e la ripartizione del suo rendimento su 365 giorni varia inevitabilmente secondo l'applicazione dell'uno o dell'altro criterio.

1.1.4 I Certificati del Tesoro Zero-Coupon

I Certificati del Tesoro Zero-Coupon, CTz, rappresentano circa il 3,30% dei titoli emessi, sono anch'essi senza cedola, a tasso fisso, e con durata pari a 18 o 24 mesi e taglio minimo 1000 euro.
Sono emessi mediante asta marginale e prevedono, come i BoT, un'imposta sostitutiva del 12,5% sullo scarto di emissione.

A differenza dei BoT, per i quali la ritenuta è pagata in sede di emissione attraverso una maggiorazione del prezzo di acquisto, per i CTz la ritenuta è pagata invece alla scadenza tramite una riduzione del prezzo di rimborso.

Per quanto riguarda il rendimento di un Certificato del Tesoro zero coupon, esso si calcola utilizzando gli stessi criteri adoperati per i BoT, ma, trattandosi di titoli con scadenza superiore all'anno, la stima viene effettuata a capitalizzazione composta.

1.1.5 I Certificati di Credito del Tesoro

I Certificati di Credito del Tesoro, CcT, rappresentano anch'essi, come i BoT, circa il 7% del totale dei titoli di Stato emessi.
Sono titoli al portatore o all'ordine a medio-lungo termine emessi per la copertura del debito pubblico che forniscono un tasso variabile determinato aggiungendo una maggiorazione (spread) fissa al tasso di rendimento dei BoT.
Sono classificati, di conseguenza, titoli a "indicizzazione finanziaria".

Il meccanismo di indicizzazione prevede che la prima cedola venga fissata al momento dell'emissione, mentre quelle successive sono determinate sulla base del rendimento lordo, calcolato sul prezzo ufficiale d'asta dei BoT semestrali come risultante dall'ultima asta del mese precedente la maturazione delle stesse cedole.

Lo spread al rendimento dei BoT è stabilito dal Tesoro (MEF) al momento dell'emissione e resta fisso per l'intera durata del Certificato.

Con esso si remunera l'investitore per la minore liquidità di un CcT (che circolano in durate di 2, 5, 7 e 10 anni) rispetto ad un BoT: senza questa componente addizionale, infatti, il risparmiatore non avrebbe alcuna convenienza a "parcheggiare" il proprio capitale su un CcT anziché rinnovare periodicamente l'investimento in BoT.

Il collocamento dei CcT avviene tramite asta marginale presso gli istituti di credito e gli intermediari finanziari autorizzati e iscritti nell'apposito albo presso la Consob. Come i BTp, anche questi sono ammessi d'ufficio alla quotazione in Borsa, a corso "secco", il giorno successivo a quello dell'asta e possono essere negoziati sull'MTS.

Il rendimento dei CcT è di norma calcolato dagli organi di informazione specializzati come tasso di rendimento effettivo a scadenza: l'ipotesi di base, molto semplicistica, è che le cedole future, delle quali non si conosce l'importo, vengano determinate sulla base dei rendimenti (costanti) delle aste dei BoT.

1.2 I detentori del debito pubblico

Se i titoli di Stato con durata maggiore rappresentano la fetta più cospicua del debito pubblico italiano, la parte restante abbiamo anticipato essere distribuita sotto diverse forme, dai finanziamenti erogati allo Stato da enti sovranazionali, come il Fondo Monetario Internazionale, ai depositi costituiti dai residenti e ai biglietti e alle monete emesse.

Quest'ampia varietà di strumenti fa sì che anche i soggetti titolari del debito pubblico siano molteplici.

Dai dati reperibili dal sito di Banca d'Italia, a fine 2018 risulta che lo stesso istituto nazionale deteneva, direttamente e attraverso la BCE, il 16% del debito pubblico italiano, che circa il 52% è in mano a banche, fondi e assicurazioni italiane, il 6% è detenuto dai risparmiatori italiani e il 32% da investitori stranieri.

La quota di debito in mano agli istituti di credito nostrani nel 2018 ammonta a circa il 27% del totale, pari a 612 miliardi di euro, dei quali tuttavia soltanto 342

rappresentati da titoli di Stato, mentre il resto soprattutto da altri prestiti.
Considerando un aggregato di banche e assicurazioni, italiane e straniere, si calcola un totale di poco inferiore ai 400 miliardi di euro.

La più esposta risulta il Gruppo Poste Italiane, che tra investimenti e riserve detiene nel proprio bilancio oltre 121 miliardi di titoli, seguita da Generali, con oltre 63 miliardi, Unicredit, con 47,2 miliardi di titoli, Unipol Gruppo Finanziario, 33,8 miliardi, Intesa San Paolo, con 29,86 miliardi, e Unipol Sai assicurazioni, con 29,9 miliardi. Importanti le quote di debito in pancia ai colossi Allianz SE, 29,87 miliardi, e AXA SA, 24,8 miliardi.
Tra gli investitori non residenti spiccano anche la Banca Centrale Europea tramite il programma EFSF (European Financial Stability Facility), il fondo di salvataggio ESM e altri istituti centrali di pagamento appartenenti all'Eurosistema.

Da un'analisi dei dati pluriennali resi disponibili da Bankitalia, colpisce la progressiva riduzione della quota di debito, sia in termini assoluti sia in termini percentuali, detenuta dai risparmiatori italiani dal 57% del 1988 al 6% del 2018 e, complice l'adesione dell'Italia alla moneta unica e l'aumento della fiducia nel nostro Paese, l'aumento della porzione detenuta dagli investitori stranieri dal 4% del 1988 al 32% attuale.
Notevole l'aumento della quota di Banca d'Italia dal 4% del 2014 al 16% di fine 2018, ma in tal caso è stato determinante il Quantitative Easing della BCE partito nel marzo 2015 e che tratteremo più avanti.

(debito lordo detenuto da non residenti - infostat.bancaditalia.it)

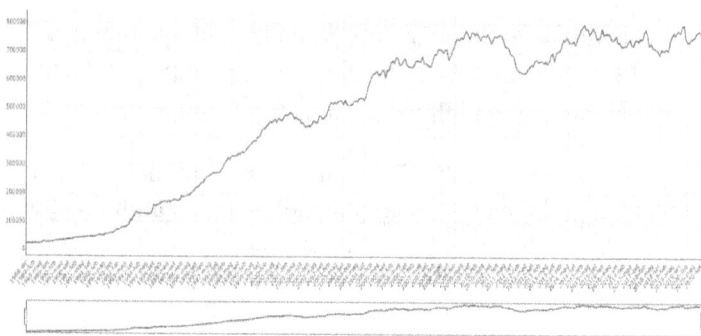

1.3 Vincolo di bilancio e disavanzo

Per comprendere appieno le odierne dinamiche del debito pubblico e tutto ciò che esse implicano in termini politici, economici e sociali è necessario soffermarsi sul rapporto debito/PIL e cercare di comprendere perché questa relazione abbia tanta centralità nel dibattito pubblico.

Dal punto di vista concettuale la questione è di facile comprensione: il debito pubblico è un parametro che si autoalimenta, un fenomeno che, in presenza di un disavanzo iniziale e in assenza della volontà del governo di ripagarlo negli anni successivi, può aumentare all'infinito.

Per stabilire, quindi, se il debito è sopportabile per un singolo Paese diventa fondamentale tener conto della ricchezza prodotta nello stesso, attraverso la quale si ricavano le risorse con cui coprirlo, per cui diventa protagonista, nell'analisi, il rapporto debito/PIL.

Dal punto di vista pratico, per comprendere meglio l'argomento può risultare utile rispolverare concetti quali bilancio pubblico, vincolo di bilancio di governo, deficit e debito pubblico.

Il **bilancio pubblico** è la rappresentazione contabile delle entrate e delle uscite delle pubbliche amministrazioni, che, a loro volta, si suddividono in amministrazioni centrali dello Stato, amministrazioni locali ed enti previdenziali. Se, in un dato anno, le spese pubbliche eccedono le entrate pubbliche si ha un disavanzo pubblico (**deficit**). La somma dei disavanzi accumulati negli anni dallo Stato costituiscono il **debito pubblico**.

Fatte queste semplici premesse, indicando con G la spesa pubblica, T le entrate tributarie e B lo stock di debito presistente, il vincolo di bilancio del governo nell'anno t è dato dall'equazione:

$$disavanzo_t = rB_{t-1} + G_t - T_t$$

$G_t - T_t$ è il saldo primario, dato dalla differenza tra la spesa pubblica G_t e le entrate tributarie T_t: se la prima supera le seconde si realizza un disavanzo primario, viceversa si ha un avanzo primario.

Per determinare il disavanzo pubblico complessivo nell'anno t al saldo primario va sommato l'onere degli interessi sul debito pubblico, dato dal tasso di interesse reale r che moltiplica lo stock del debito alla fine dell'anno precedente B_{t-1}.

Le entrate e le spese pubbliche sono costituite da distinti aggregati.

Tra le **entrate** si rilevano:

- le imposte, prelevamenti coattivi di ricchezza che colpiscono la capacità contributiva dei cittadini (reddito, patrimonio, consumi);

- le tasse, prelevamenti che colpiscono i cittadini quando usufruiscano di determinati servizi;

- i contributi sociali, prelievi coattivi operati per finanziare specifiche opere di pubblica utilità;

- le entrate in conto capitale, che non rientrano tra le entrate tributarie essendo entrate straordinarie derivanti dalla vendita del patrimonio pubblico (privatizzazioni).

Le **spese pubbliche** sono, invece, suddivise in:

- spese correnti, destinate al funzionamento delle amministrazioni pubbliche;

- spese in conto capitale, sostenute dallo Stato per investimenti diretti e indiretti;

- spese per l'acquisto di beni e servizi da parte delle amministrazioni pubbliche;

- spese di trasferimento, le più importanti, in termini di peso sulle finanze pubbliche, sono le prestazioni sociali e i pagamenti d'interessi sul debito pubblico.

Nel pianificare la sua politica fiscale, lo Stato non può tuttavia limitarsi a determinare l'ammontare della spesa e delle entrate, ma, visti i diversi effetti che la combinazione di queste voci hanno sul reddito e sulla crescita economica, deve anche porre grande attenzione alla composizione di esse.

1.4 L'autoalimentazione del debito

Nel vincolo di bilancio del governo appena visto il
*disavanzo*t corrisponde al fabbisogno complessivo
dell'apparato pubblico nell'anno t: se negativo si produrrà
un risparmio pubblico che andrà a ridurre lo stock del
debito pubblico, se positivo si avrà un aumento del debito e
l'operatore pubblico si dovrà porre il problema di come
coprire il saldo passivo.

Lo Stato può finanziare il suo fabbisogno finanziario
emettendo titoli di debito pubblico (BoT, BTp, CcT) per
venderli a soggetti privati o chiedendo alla banca centrale
di acquistarli.
In questa seconda ipotesi, la banca centrale paga i titoli del
debito pubblico con creazione di nuova base monetaria
attraverso le cosiddette operazioni di mercato aperto.
Tale procedimento è chiamato "monetizzazione del debito",
in quanto consente allo Stato di non ricorrere
all'indebitamento ma di finanziarsi attraverso la creazione
di nuova moneta.

Queste modalità di finanziamento del disavanzo possono essere rappresentate dalla seguente equazione:

$$disavanzo_t = fabbisogno_t = (B_t - B_{t-1}) + (M_t - M_{t-1})$$

dove:
$B_t - B_{t-1}$ rappresenta la parte di disavanzo finanziata mediante emissione di nuovi titoli,
$M_t - M_{t-1}$ quella finanziata mediante creazione di nuova base monetaria da parte della banca centrale attraverso operazioni di mercato aperto.

La relazione appena vista evidenzia come politica fiscale e politica monetaria siano tra loro collegate e, essendo il ministero del Tesoro e la banca centrale indipendenti, che i due regimi politici possono entrare in conflitto tra essi.

Ipotizzando che la banca centrale non intervenga nel finanziamento del debito pubblico, approssimando dunque ciò che verosimilmente accade in Europa, negli USA e in gran parte delle grandi economie mondiali, quindi $(M_t - M_{t-1}) = 0$, il debito pubblico varia soltanto in funzione del disavanzo al tempo t e questo può essere finanziato esclusivamente mediante emissione di titoli pubblici.

Il vincolo di bilancio del governo diventa:

$$B_t - B_{t-1} = rB_{t-1} + G_t - T_t$$

Isolando il debito pubblico alla fine dell'anno è ancor più chiara la relazione di questo con il saldo primario e, soprattutto, con gli interessi sul debito preesistente:

$$B_t = (1+r) B_{t-1} + G_t - T_t$$

Con quest'ultima equazione si può notare più chiaramente come il debito cresca ad un tasso pari al tasso di interesse e capire perché si parla di autoalimentazione del debito.

Nella realtà, se dal punto di vista teorico e nell'immediatezza dell'adozione di provvedimenti di finanza pubblica straordinari il debito si autoalimenta soltanto mediante gli interessi sui titoli pubblici che lo finanziano, esso cresce anche con l'emissione di nuova moneta attraverso un circuito indiretto facilmente intuibile.

L'aumento della massa monetaria implica infatti la svalutazione della moneta e la perdita di potere d'acquisto della stessa.
Le ripercussioni di ciò sui costi delle materie prime, specie se in prevalenza importate, sui cicli industriali, sui bilanci delle famiglie e sui risparmi sono pressoché immediate o quasi.

Gli aiuti alle grosse aziende in crisi, l'impennata della spesa in welfare (ore di cassa integrazione, assegni di disoccupazione e sostegno alle famiglie), l'adeguamento di salari e stipendi all'inflazione (a quella programmata e non a quella reale, spesso anche il doppio della prima), la spesa per acquistare i propri titoli sul mercato secondario per calmierare la speculazione finanziaria che consegue alla svalutazione (sinonimo, per gli investitori, di rischio default del Paese che vi ricorre e quindi aumento del rischio nel detenere i suoi titoli in portafoglio), l'impennata della spesa pubblica per garantire comunque i servizi di pubblica utilità e tutta la spirale di interventi necessari a mantenere lo satus quo sociale ed economico non solo generano debito su debito, ma danno luogo ad un circolo vizioso ancor più difficile da stimare ex ante rispetto a quanto accade con la sola emissione di titoli di stato.

Basterebbe, ad esempio, dare un'occhiata di tanto in tanto alle serie storiche di Italia e Spagna dalla fine degli anni settanta alla seconda metà degli anni novanta dello scorso secolo per rendersi conto come ricorrendo all'emissione di nuova moneta, ed alla svalutazione della stessa per favorire poi l'export ed aggiustare la bilancia dei pagamenti, si siano condannate le nuove generazioni a lottare per la sopravvivenza e vivere di precariato perenne, al di là del sempre maggior peso che i tagli apportati ai comparti ritenuti essenziali avranno sui redditi futuri.

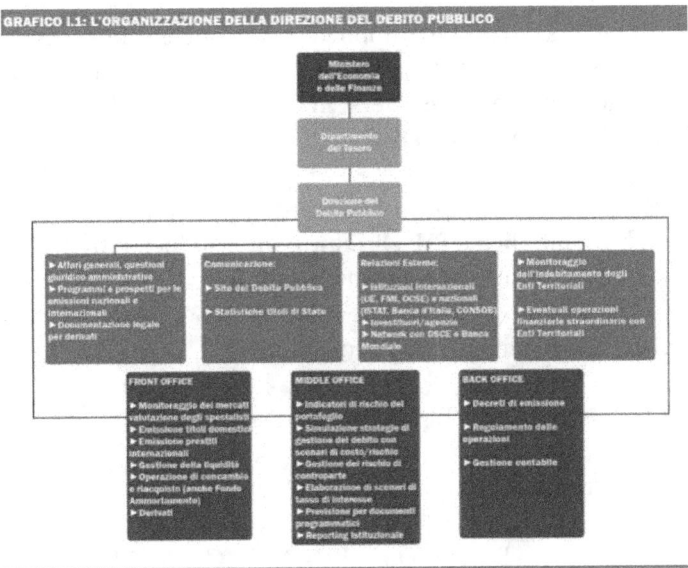

GRAFICO I.1: L'ORGANIZZAZIONE DELLA DIREZIONE DEL DEBITO PUBBLICO

(http://www.osservatoriofederalismo.eu)

1.5 La sostenibilità del debito pubblico: il rapporto debito/PIL

La lettura del debito pubblico in termini assoluti non consente di valutare se un dato stock di debito di uno Stato sia adeguato o se esso versi in una situazione di indebitamente eccessivo.

Per questo fine è più comodo analizzare il rapporto tra debito pubblico e PIL (Prodotto interno lordo) di un Paese già menzionato qualche pagina addietro.

Dividendo i membri dell'equazione:

$$B_t = (1 + r)B_{t-1} + G_t - T_t$$

per il reddito Y_t otteniamo:

$$B_t/Y_t = (1+r) B_{t-1}/Y_t + (G_t-T_t)/Y_t$$

Riscrivendo la crescita del PIL (g):

$$g = (Yt - Yt\text{-}1)/Yt\text{-}1,$$

nella formula:

$$Yt = Yt\text{-}1\ (1 + g)$$

e, assunta la stabilità dei prezzi, e dunque la coincidenza di tasso d'interesse reale e tasso d'interesse nominale, $r = i$, essa diventa:

$$Bt/Yt = (1 + r/1 + g)\ (Bt\text{-}1/Yt) + (Gt - Tt\ )/Yt$$

Il rapporto $(1 + r/1 + g)$ può essere riscritto nella formula $(1 + r - g)$.

Indicando poi con il rapporto debito/PIL il trend di lungo periodo di questo diventa:

$$bt = (1 + r - g)bt\text{-}1 + (Gt - Tt)/Yt$$

Tale equazione, che parte dallo studio della relazione tra debito pubblico e crescita economia di Domar (1944), evidenzia come la sostenibilità del debito è data dalla reazione tra il tasso di interesse su di esso e la crescita della ricchezza.

Dal rapporto tra queste due grandezze e dal saldo primario dipenderà quindi la dinamica del debito pubblico nel lungo periodo: maggiore risulterà la differenza tra tasso di interesse e crescita della ricchezza, più il Governo dovrà generare importanti saldi primari per scongiurare l'esplosione del rapporto debito/PIL; più un Paese avrà un tasso di crescita economica maggiore del tasso di crescita del debito, anche generando disavanzi primari negli anni, meno problemi recherà il debito in quanto il suo rapporto con il PIL convergerà ad un punto di equilibrio, ad uno stato stazionario.

In questo secondo caso, riprendendo parte della teoria keynesiana, si potrà sostenere l'espansione del reddito attraverso l'indebitamento e se le politiche di spesa in deficit saranno abbastanza produttive da generare una crescita economica maggiore del tasso di interesse, lo Stato non sarà costretto nemmeno ad aumentare la pressione fiscale per far fronte al debito pubblico.
Lo Stato, in altri termini, più che temere di generare disavanzi che faranno lievitare il debito dovrà impegnarsi soprattutto a garantire una crescita economica in grado di sterilizzare gli effetti dell'aumento del debito.

D'altronde, il concetto è lo stesso per i prestiti alle imprese: così come un'impresa che ha ottenuto finanziamenti ad un dato tasso di interesse e che è in grado di investirli in attività aventi un rendimento maggiore del costo di finanziamento non patisce il problema dell'onere del debito, allo stesso modo lo Stato non dovrà aumentare le imposte se le politiche di spesa in disavanzo producono incrementi della ricchezza con i quali saranno pagati gli interessi.

Si individua, quindi, un'area di sostenibilità del debito, all'interno della quale il rapporto tra debito e ricchezza resta stazionario o diminuisce, data dalla relazione:

$$(G_t - T_t)/Y_t - (r - g) B_{t-1}/Y_t$$

se $r < g$ il secondo fattore è positivo e il saldo è negativo senza che si verifichi un aumento dell'incidenza del debito sul PIL;

se r > g, viceversa, il governo dovrà generare un avanzo primario per lo stesso ammontare se vuole evitare che il rapporto aumenti.

Il problema della sostenibilità del debito dipende, in sostanza, soprattutto dalla differenza tra tasso di interesse e tasso di crescita del reddito.
Nel lungo periodo queste due variabili ricoprono un ruolo determinante sull'andamento del rapporto debito/PIL, facendo passare in secondo piano l'importanza del saldo primario.
Ovviamente le politiche di disavanzo non potranno comunque essere spinte fino all'infinito: prima o poi il debito raggiungerà un livello che farà precipitare il sistema finanziario in crisi.

Considerando l'effetto dell'inflazione, fino ad ora trascurato adottando l'equivalenza i = r, il tasso d'interesse reale r è dato dalla differenza tra il tasso nominale e il tasso d'inflazione π.
Il fattore (r − g) che moltiplica lo stock del debito diventa (1+ i − π − g): affinché l'inflazione produca l'effetto di ridurre il rapporto tra debito e PIL e limare lo stock del debito è necessario, in primo luogo, che una quota importante dei titoli del debito pubblico sia a lunga scadenza.
In tal modo l'aumento improvviso del livello dei prezzi farà diminuire, in termini reali, l'onere del debito per lo Stato.
Una situazione che si è verificata in Italia nel periodo di grande inflazione ma che nel panorama odierno, invece, l'indicizzazione dei titoli a tale parametro e la preferenza di titoli a breve termine da parte dei mercati finanziari hanno reso del tutto inefficace.

(debito della PA in percentuale al PIL - infostat.bancaditalia.it)

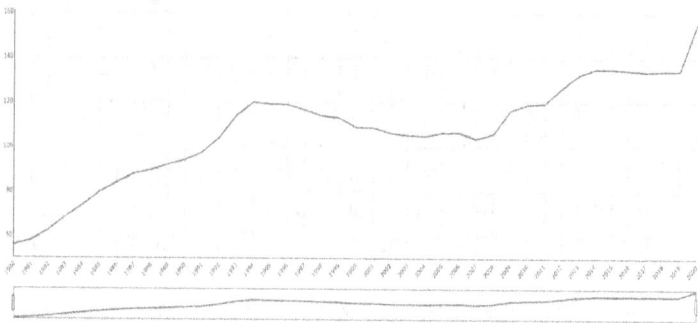

1.6 Il Bilancio dello Stato

Il Bilancio dello Stato è un documento che elenca ordinatamente le entrate e le spese dello Stato in un determinato periodo di tempo.
Nel nostro Paese è annuale o pluriennale e l'anno finanziario su cui si calcola corrisponde all'anno civile.

L'insieme delle operazioni effettuate in un dato anno finanziario è definito esercizio finanziario.

Sulla base dell'esercizio a cui si riferisce, il bilancio può essere:

Preventivo: riguarda le entrate e le spese che si prevede di riscuotere nell'esercizio successivo. Si predispone prima dell'anno finanziario di riferimento, in modo che il Governo si attenga al programma delle entrate e delle uscite previste.

Consuntivo: si riferisce ad un anno trascorso. Con esso si valuta l'attività finanziaria dello Stato, motivo per il quale si definisce anche "rendiconto finanziario".

A seconda del contenuto, esso può essere:

di competenza, quando comprende le entrate da riscuotere e le spese da pagare nel corso dell'esercizio. Le entrate e le spese si contabilizzano indipendentemente da quando si realizzerà la riscossione e/o il pagamento;

di cassa: riporta le entrate effettivamente riscosse e le uscite effettivamente pagate durante l'esercizio finanziario.

1.6.1 Teorie sul bilancio dello Stato

Il bilancio dello Stato raffigura la dimensione
dell'intervento pubblico in economia.
La sua importanza, quindi, dipende dalle politiche
economiche del Paese in quel periodo.
Motivo per il quale sono state elaborate diverse teorie su di
esso.

- Teoria del bilancio in pareggio

Si basa sul principio della finanza neutrale, collegata alla
concezione classica della finanza pubblica quale sistema a
sé stante, senza interferenze con il mercato.
Per essa il bilancio diventa un documento di sola
esposizione contabile delle operazioni compiute e lo Stato
deve ridurre al minimo il suo intervento nell'economia,
gestendo soltanto le attività istituzionali e finanziandole
senza produrre ulteriore debito.

- Teoria del doppio bilancio

Per essa il bilancio corrente dovrebbe chiudersi annualmente in pareggio, in quanto entrate e spese correnti esaurirebbero i loro effetti durante l'esercizio finanziario, mentre è il bilancio in conto capitale, che comprende gli investimenti pluriennali, che può essere in deficit.
Deficit che è ammesso in quanto gli investimenti pluriennali aumentano la capacità produttiva del sistema.

- Teoria del bilancio ciclico

Sulla base di tale teoria i bilanci devono compensare l'andamento del ciclo economico, con l'obiettivo di mitigare le fluttuazioni che compromettono l'equilibrio del sistema. In altri termini, nelle fasi economiche espansive il bilancio deve generare avanzi, che saranno poi destinati a finanziare le spese e gli investimenti durante le fasi recessive del ciclo, durante le quali sarà possibile chiudere in deficit.

- Teoria del bilancio funzionale

Si tratta della teoria di John Maynard Keynes.
Secondo l'economista, uno dei più influenti della storia recente, il bilancio è uno strumento per realizzare gli obiettivi di politica economica e un mezzo per sostenere la domanda globale, che si può sostenere mediante l'aumento della spesa pubblica durante le fasi di recessione e tramite l'aumento delle entrate durante quelle di crescita.

Gli obiettivi da raggiungere per Keynes sono lo sviluppo stabile del reddito e la distribuzione di questo fra le classi sociali.

Tuttavia, la teoria che gode di maggior diffusione tra quelle elaborate dagli economisti di scuola keynesiana è quella di Haavelmo, il quale sostiene che si può intervenire sul sistema economico mantenendo comunque il bilancio in pareggio, modificando soltanto la composizione qualitativa delle entrate e delle spese.

1.6.2 Il bilancio dello Stato in Italia

Il bilancio e il sistema contabile italiano hanno subito varie trasformazioni negli anni, in modo da rispondere alle esigenze della finanza moderna.

Gli interventi di riforma dello Stato susseguitisi negli anni hanno avuto il fine dichiarato di:

- consentire al Parlamento la partecipazione alla gestione del bilancio;
- razionalizzare l'intervento dello Stato;
- ridurre la rigidità del bilancio.

I riferimenti normativi più importanti in materia sono:

- **Art.81 della Costituzione**, come modificato dall'art.1 della legge costituzionale 20 aprile 2012 n.1 così da recepire le norme del Fiscal Compact e il Trattato sulla stabilità dell'Unione economica europea.
Esso recita: "Lo Stato assicura l'equilibrio tra le entrate e le spese del proprio bilancio, tenendo conto delle fasi avverse e delle fasi favorevoli del ciclo economico. Il ricorso

all'indebitamento è consentito solo al fine di considerare gli effetti del ciclo economico e, previa autorizzazione delle Camere adottata a maggioranza assoluta dei rispettivi componenti, al verificarsi di eventi eccezionali.

Ogni legge che importi nuovi o maggiori oneri provvede ai mezzi per farvi fronte. Le Camere ogni anno approvano con legge il bilancio e il rendiconto consuntivo presentati dal Governo. L'esercizio provvisorio del bilancio non può essere concesso se non per legge e per periodi non superiori complessivamente a quattro mesi. Il contenuto della legge di bilancio, le norme fondamentali e i criteri volti ad assicurare l'equilibrio tra le entrate e le spese dei bilanci e la sostenibilità del debito del complesso delle pubbliche amministrazioni sono stabiliti con legge approvata a maggioranza assoluta dei componenti di ciascuna Camera, nel rispetto dei princìpi definiti con legge costituzionale."

- il **Documento di Economia e Finanza (DEF)**.
È il principale documento della programmazione economico-finanziaria dello Stato, che il governo presenta annualmente al Parlamento entro il 10 aprile.
Il DEF è diviso in tre sezioni:

1. lo schema del programma di stabilità, in cui si illustrano le previsioni di finanza pubblica di lungo periodo;
2. la rappresentazione dei dati macroeconomici;
3. lo schema del Programma Nazionale di riforma, con il quale si definiscono gli interventi da adottare per la crescita del Paese.

Altre importanti fonti normative per quanto riguarda il bilancio e la contabilità pubblica sono l'art. 100 e 103 Cost. sui controlli della Corte dei Conti e la giurisdizione di questa, l'art. 119 Cost. sulle competenze contabili delle Regioni, il R.D. 2440/1923 per il bilancio dello Stato, il R.D. 1214/1934 per quanto riguarda il testo unico sulla Corte dei Conti, la L. 76/2000 sull'autonomia finanziaria delle Regioni a statuto ordinario contenente i principi generali dell'ordinamento contabile, il combinato disposto dei dlgs. 77/95 e 267/2000 per l'ordinamento finanziario degli enti locali e la legge 70/95 (c.d. legge sul parastato) con la quale si identificano 7 categorie di enti pubblici istituzionali di cui si avvale lo Stato per perseguire i propri scopi.

1.6.3 Le principali uscite del Bilancio dello Stato

Le principali voci di spesa dello Stato italiano sono desumibili visionando il sito del ministero delle Finanze (MEF) e il testo della legge di Bilancio.

Attingendo dalla legge di Bilancio 2019 (non saprei che senso possa avere discorrere di debito pubblico relativamente all'anno 2020, caratterizzato da uscite straordinarie e mancate entrate dipendenti quasi esclusivamente dalla pandemia covid-19 e dunque poco esemplificative ai fini del presente lavoro, soprattutto perché versiamo ancora in uno stato d'emergenza mentre scrivo), le più importanti, divise per i principali ministeri, con evidenza della variazione rispetto alla legge di Bilancio 2018, sono quelle riportate nelle seguenti pagine.

Ministero dell'Economia e delle Finanze

- Rimborso titoli del debito statale: 228,3 miliardi, +1,3%.
- Tutela dei livelli essenziali di assistenza: 73,2 miliardi, invariata.
- Oneri finanziari su titoli del debito statale: 67 miliardi, +0,8%.
- Rimborsi di imposte indirette: 32 miliardi, -0,2%.
- Regolazioni contabili relative alla compartecipazione delle autonomie speciali ai gettiti dei tributi erariali riscossi direttamente dalle autonomie speciali: 20,2 miliardi, -1,2%.
- Partecipazione al bilancio Ue: 18,3 miliardi, +2,7%.
- Rimborsi di imposte dirette: 17,7 miliardi, invariata.
- Vincite sui giochi e lotterie: 14 miliardi, invariata.
- Contribuzione aggiuntiva a carico del datore di lavoro per i dipendenti delle amministrazioni statali: 10,8 miliardi, invariata.
- Compartecipazione delle autonomie speciali ai gettiti dei tributi erariali per lo svolgimento delle funzioni assegnate: 9 miliardi, +2,4%.
- Politiche di coesione: 6,4 miliardi, +30,7%.
- Oneri finanziari su buoni postali fruttiferi: 6 miliardi, -3%.
- Interessi sui conti di tesoreria: 5,4 miliardi, +35%.
- Fondi di riserva: 4,8 miliardi, invariata.
- Fondi da assegnare per interventi di settore: 4,6 miliardi, +404,5%.
- Settore creditizio e bancario: 4,5 miliardi, +50%.

- Recuperi tributari effettuati nei confronti delle Regioni a statuto speciale e delle province autonome: 4,2 miliardi, invariata.
- Contratto di programma e di servizio per il trasporto ferroviario: 3,8 miliardi, -24%.
- Attuazione delle politiche comunitarie in ambito nazionale: 3,4 miliardi, -30,5%.
- Sostegno alla ricostruzione: 3,2 miliardi, +137%.
- Accertamento e relativo contenzioso in materia di entrate tributarie, catasto e mercato immobiliare, svolte dall'Agenzia delle entrate: 3,1 miliardi.
- Aggi su giochi e lotterie: 2,8 miliardi, invariata.
- Spese di personale per le missioni politiche economico-finanziarie e di bilancio e tutela della finanza pubblica: 2,3 miliardi, +0,9%.
- Garanzie assunte dallo stato: 2 miliardi, +10,7%.
- Servizio radiotelevisivo pubblico: 1,8 miliardi, +6,7%.
- Rimborso quota capitale mutui con oneri a carico dello Stato di prevalente interesse nazionale: 1,8 miliardi, +106,4%.
- Settore dell'autotrasporto: 1,6 miliardi, +9,1%.
- Fondo da assegnare per l'attuazione dei contratti del personale: 1,6 miliardi, -48,3%.

Ministero del Lavoro

- Sostegno alle gestioni previdenziali: 62,7 miliardi.
- Agevolazioni contributive, sottocontribuzioni ed esoneri per incentivare l'occupazione: 13,4 miliardi, -17,6%.
- Spese di personale per il programma (docenti di secondo ciclo); 11 miliardi, +5,1%.

- Trattamenti di integrazione salariale in costanza di rapporto e indennità collegate alla cessazione del rapporto di lavoro: 9,2 miliardi, -2%.
- Reddito di cittadinanza: 9 miliardi.
- Assegni e pensioni sociali: 6 miliardi, +6,9%.
- Politiche per l'infanzia e la famiglia: 5,2 miliardi, -1,2%.
- Prepensionamenti: 4,1 miliardi, +3,7%.
- Agevolazioni contributive, sottocontribuzioni ed esoneri per il sostegno allo sviluppo di particolari settori o territori svantaggiati: 3,5 miliardi, -0,5%.

Ministero dell'Istruzione

- Spese di personale per il programma (docenti di primo ciclo): 20,3 miliardi, +5,7%.
- Spese di personale per il programma (docenti di secondo ciclo): 11,0 miliardi, +5,1%.
- Finanziamento delle università statali: 7,4 miliardi, +0,8%.
- Spese di personale (dirigenti scolastici e personale Ata primo ciclo: 4,5 miliardi, +5,2%.
- Spese di personale (docenti di sostegno primo ciclo): 3,5 miliardi, -4,5%.
- Spese di personale (dirigenti scolastici e Ata, secondo ciclo): 2,1 miliardi, +3,8%.
- Contributi alle attività di ricerca degli enti pubblici e privati: 1,8 miliardi, +3,7%.

Ministero della Difesa

- Spese di personale per la missione difesa e sicurezza del territorio (approntamento e impiego carabinieri): 5,9 miliardi, +4,2%.

- Spese di personale (approntamento forze terrestri): 4,9 miliardi, +3,4%.
- Spese di personale (forze aeree): 2,5 miliardi, +3,3%.
- Spese di personale (forse marittime): 1,9 miliardi, +2,0%.
- Ammodernamento, rinnovamento e sostegno delle capacità dello strumento militare: 1,8 miliardi, -19,8%.

Ministero dell'Interno

- Ripartizione risorse agli enti locali da devoluzione fiscalità: 6,6 miliardi, invariata.
- Spese di personale (Polizia di Stato): 5,9 miliardi, +4,5%.
- Spese di personale (Vigili del Fuoco): 1,7 miliardi, +11,9%.
- Concorso dello Stato al finanziamento dei bilanci degli enti locali: 1,6 miliardi, -3,3%.

Ministero dello Sviluppo Economico

- Interventi per l'innovazione del sistema produttivo del settore dell'aerospazio, della sicurezza e della difesa: 2,4 miliardi, -11,9%.

Ministero della Giustizia

- Spesa di personale (polizia e amministrazione penitenziaria): 2,0 miliardi, +1%.
- Spese di personale (magistrati di giustizia penale e civile): 1,8 miliardi, +4,7%.
- Spese di personale (personale civile, giustizia civile e penale): 1,4 miliardi, +2,5%.

*L'analisi de i *Copernicani**

A proposito di variazioni nelle uscite di Bilancio relative al biennio 2018-2019 suesposte, riporto di seguito un'analisi sui maggiori rialzi e ribassi delle voci di spesa effettuata dall'associazione indipendente Copernicani[1], autrice anche di un'app[2] a tal fine:

I rialzi maggiori

Nell'ambito del Ministero dell'Economia e delle Finanze, il rialzo maggiore è quello del 404,5%, pari a 4,6 miliardi di spesa, ralativo ai fondi per interventi di settore, vale a dire risorse da assegnare in corso di esercizio alle amministrazioni centrali dello Stato in base alle loro esigenze.
Segue l'aumento del 183,9%, 1,6 miliardi, per partecipazione a banche, fondi ed organismi internazionali.
Quindi l'incremento del 106,4%, 1,8 miliardi, per il rimborso in quota capitale di mutui con oneri a carico dello Stato di prevalente interesse nazionale, quello del 50%, 4,5 miliardi, degli interventi di sostegno alle imprese (all'interno del programma a favore di imprese e popolazioni colpite da calamità naturali) mediante la fiscalità, del 13,7%, 3,2 miliardi, per il sostegno alla ricostruzione di territori colpiti da calamità naturali e del 10,7%, 2 miliardi, le garanzie assunte dallo stato per la competitività e lo sviluppo delle imprese (Fondo rotativo per il sostegno alle imprese e agli investimenti in ricerca).

---

[1] https://www.copernicani.it/
[2] https://budget.g0v.it/partition/overview

Importanti, infine, il +6,7%, pari ad un miliardo e 800 milioni, per il servizio radiotelevisivo pubblico, e il +155,8%, 744,8 milioni, per la protezione civile di primo intervento.

Nell'ambito dell'istruzione, si evidenzia il +306,4%, 1,2 miliardi, per il supporto alla programmazione e al coordinamento dell'istruzione scolastica a fronte tuttavia di un calo dell'1,8%, 740 milioni, della voce su interventi per la sicurezza nelle scuole statali e per l'edilizia scolastica, in parte traslati agli interni.

Per il ministero dell'Interno, colpisce l'aumento del 52,3%, 715,8 milioni, dei contributi a province e città metropolitane per interventi relativi alla viabilità e all'edilizia scolastica.

I maggiori ribassi

Il ribasso più marcato, -48,3% (1,6 miliardi), riguarda il fondo da assegnare per l'attuazione dei contratti del personale, seguito dal -30,5% (3,4 miliardi) per l'attuazione delle politiche comunitarie in ambito nazionale e dal -24% (3,8 miliardi) sul contratto di servizio e di programma per il trasporto ferroviario. In calo di 2,4 miliardi, -11,9%, la spesa per interventi sull'innovazione del sistema produttivo del settore dell'aerospazio, della sicurezza e della difesa. Nel campo della difesa in senso stretto, si segnala il -19,8% (1,8 miliardi) per ammodernamento, rinnovamento e sostegno delle capacità dello strumento militare. Colpisce, infine, il -12,2% (2,2 miliardi) della spesa per interventi a favore degli stranieri anche richiedenti asilo e profughi.

2. Storia del debito pubblico italiano

Il debito pubblico italiano attuale prende forma già durante il periodo rinascimentale, quando diventa prassi l'indebitamento delle varie corti nei confronti di banchieri e istituzioni finanziarie per lo sviluppo dell'apparato pubblico.

Con l'Unità d'Italia del 1861 questa modalità di finanziamento degli investimenti centrali viene confermata appieno, rinunciando definitivamente alla raccolta di liquidità attraverso la leva fiscale (tasse) e radicando sempre più il mondo bancario all'interno dell'amministrazione statale, garantendosi così, proprio sulla base del rapporto debiti/crediti creatosi, quella stabilità politica della quale ogni creditore ha bisogno per la tutela dei propri investimenti e ogni esecutivo per governare e portare avanti le proprie politiche.

Un intreccio di interessi reciproci che, se da un lato ha favorito lunghi periodi di crescita e pace sociale, alla distanza ha tuttavia allentato qualsiasi forma di "pudore" nel ricorso sconsiderato alle finanze pubbliche per finalità spesso legate ad obiettivi quali welfare e crescita economica solo grazie a forzature interpretative e reso il Paese sempre meno autonomo dal mondo bancario e finanziario e sempre più vulnerabile alla speculazione sul debito sovrano.

2.1 Il trend di fondo

La storia del debito pubblico italiano, sebbene più datata rispetto a quella di altri Paesi, conferma, a partire dall'Unità d'Italia del 1861, la tendenza generale a finanziare in deficit la spesa per la costruzione degli Stati nazionali.

Trend che in Italia ha fatto registrare una brusca accelerata dalla seconda guerra mondiale in poi, quando si è radicalizzata nel sistema nazionale la prassi di convivere con un costante, e sempre più fuori controllo, disavanzo di bilancio e che ha subìto un'ulteriore brusca accelerata negli anni Settanta, quando sono stati messi in atto importanti programmi di spesa a fronte del doppio shock petrolifero che aveva di fatto bloccato l'economia mondiale e dell'abbandono del cambio fisso contro il dollaro decretato dagli Usa e fonte di forti speculazioni sulle valute (e le economie) dei singoli Stati.

La consuetudine è diventata così quella di pagare gli interessi sul debito producendo altro debito o stampando nuova moneta, riducendo drasticamente il potere d'acquisto della lira al punto di farne desiderare l'abbandono pur di sottrarne l'uso a fini elettoralistici dalle mani della classe politica, oltre quella di ricorrere a margini di spesa anticipati sulla base di previsioni fin troppo ottimistiche per le variabili macroeconomiche prese in considerazione e il cui andamento si è poi dimostrato del tutto opposto e, dunque, fonte di ulteriore deficit.

Prendendo a prestito i seguenti grafici elaborati dal Sole24Ore nel 2018 su dati di Banca d'Italia, oltre alla conferma del trend di fondo dell'andamento del nostro debito pubblico, notiamo immediatamente che, mentre le impennate del debito registrate in concomitanza con la crisi economica di fine '800 e i due conflitti bellici mondiali sono state rapidamente riassorbite (complice anche la cancellazione di fatto dei debiti di guerra), da quella che stiamo vivendo dalla fine degli anni settanta del Novecento non riusciamo proprio a risollevarci, nonostante il forte contenimento del rapporto debito/PIL (secondo grafico) e della spesa per gli interessi sul debito (terzo) registrati nel decennio a cavallo dell'ingresso nell'Eurozona.

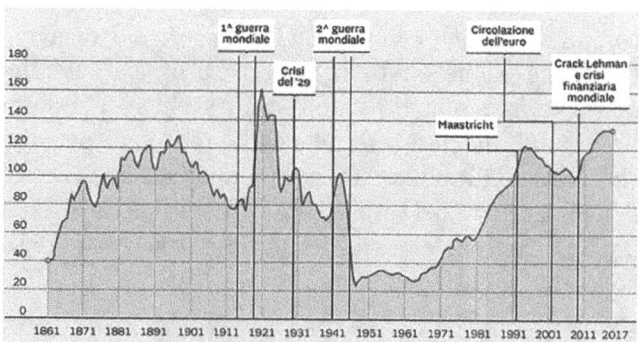

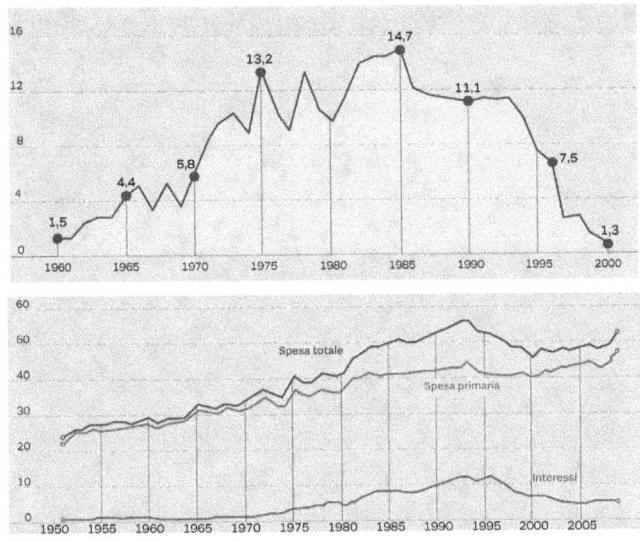

Impietosa conferma che il Paese non cresce e che il ricorso all'indebitamento per sostenere investimenti, benessere e consumi s'è rilevato improduttivo e troppo spesso un mero pretesto per spostare fondi per finalità ben divergenti da quelle dichiarate.

2.2 Dall'Unità d'Italia alla Grande Guerra

Il debito pubblico italiano abbiamo detto trovare la sua ratio in epoca rinascimentale e le sue origini nell'unificazione politica del Paese.

Con la proclamazione del Regno d'Italia, avvenuta il 17 marzo 1861, si rese necessario raggruppare i vari ordinamenti amministrativi degli Stati preesistenti e già il 10 luglio dello stesso anno, con la legge n. 94, venne istituito il Gran Libro del debito pubblico.
Il 4 agosto seguì il riconoscimento dei titoli di debito degli Stati che avevano dato origine al Regno d'Italia e con la legge n. 174 essi furono iscritti nel Gran Libro.

I debiti, confluiti poi in un unico grande aggregato, riguardavano per il 57,22% il Regno di Sardegna, per il 29,40% il Regno di Napoli e Sicilia e per la restante parte gli altri Stati.
Stessa situazione analizzandoli rispetto al numero di abitanti delle regioni più popolose: l'ammontare pro-capite dei debiti degli Stati ante Unità d'Italia era per il Piemonte

di 142 lire, per la Lombardia 56 lire, per la Sicilia 49 e per Napoli 63 lire.

La finanza pubblica italiana in questa fase storica fu messa a dura prova.
Il Regno dovette far fronte ai costi di diversi eventi militari e alla creazione di una struttura unitaria adatta alle esigenze di uno Stato moderno.

Progetto, questo, che lasciò quasi del tutto fuori i cittadini del Sud, coloro che beneficiarono meno di tutti delle opere realizzate mediante l'emissione dei titoli di debito pubblico del neonato Regno d'Italia, nonostante il regno di Napoli e Sicilia, insieme alla Lombardia, figurassero come i più virtuosi in fatto di debito, sia in valore assoluto, sia per ammontare pro-capite.

L'unificazione, in altri termini, non giovò affatto al Mezzogiorno, aggravando, anzi, quei ritardi strutturali di alcune aree di questa parte del Paese che già nel 1873 Antonio Billia, deputato radicale, identificò con la locuzione "questione meridionale".

In generale, dall'unificazione del Paese alla prima guerra mondiale è possibile analizzare la finanza pubblica in tre diversi periodi.

Il **primo periodo** è quello della Destra Storica al potere (1861-1876), con l'orientamento dichiarato di raggiungere il pareggio di bilancio.

Sono gli anni post-unificazione, segnati dalle conseguenze del conflitto con l'Austria e da importanti disavanzi di parte corrente.

La Destra storica, erede di Cavour ed espressione della borghesia liberale, vinse le elezioni per il primo Parlamento.

Lazio e Veneto non erano ancora stati annessi al nuovo Regno e il diritto di voto, su quasi 22 milioni di abitanti, fu concesso soltanto a poco meno di 420.000 di essi, l'1,8%, sulla base di requisiti molto restrittivi in fatto di titolo di studio, patrimonio e reddito posseduti dai singoli cittadini. L'affluenza alle urne fu del 57% e gli esponenti della maggiornanza erano soprattutto grandi proprietari terrieri, grossi industriali e personalità espressioni del mondo militare.

La Destra storica diede al neonato Regno d'Italia un'economia basata sul libero scambio, imponendo anche un pesante fiscalismo per finanziarie tutte quelle opere pubbliche necessarie per rendere il Paese competitivo in ambito europeo e uniformare il sistema legislativo e quello scolastico su tutto il territorio nazionale.

Già nel 1861, infatti, furono accentrati i poteri estendendo la legislazione piemontese all'intera penisola e dislocandovi capillarmente le prefetture come organi di governo. E, sempre nello stesso anno, con la legge Casati, si provvedette ad uniformare il sistema scolastico nazionale a quello piemontese.

Le uscite, ovviamente, furono esorbitanti e solo l'esercizio del 1865 fece registrare il segno positivo, mentre il culmine del deficit si ebbe già l'anno successivo (guerra con l'Austria), quando il deficit toccò quota 543 milioni con le uscite pari al 188% delle entrate.

Si avviò una fase di risanamento dei conti pubblici grazie alla contrazione delle spese belliche e all'aumento delle entrate mediante l'incremento delle imposte dirette e indirette, che mise a dura prova la tenuta dei cittadini e soprattutto delle classi meno abbienti.

Le entrate fino ad allora coprivano soltanto il 60% delle spese.
La classe dirigente, sia pur a tappe non sempre coordinate e nonostante i forti contrasti in seno al Parlamento, riuscì ad aumentare le imposte e a reperire diversi cespiti extra-tributari per assicurare delle entrate.

Nel 1864 fu introdotta l'imposta sul reddito di ricchezza mobile e riordinata l'imposta fondiaria.
Quattro anni dopo furono introdotte la tanto osteggiata imposta sul macinato e l'imposta sui redditi derivanti dai titoli di debito pubblico, mentre nel frattempo quasi tutte le aliquote fiscali venivano progressivamente innalzate.

Se le imposte dirette colpirono principalmente i redditi agrari, quelle indirette misero in serie difficoltà i ceti meno abbienti e con l'introduzione della tassa sul macinato (macinazione dei cereli) esplosero un susseguirsi di proteste popolari che diedero vita ad una vera e propria rivolta contadina che degenerò in tanti arresti, feriti e morti.

Uno scenario che rievocò quello visto pochi anni prima con la lotta militare al brigantaggio (legge Pica) nel Regno delle due Sicilie e in parte dello Stato della Chiesa e che, con la forte pressione fiscale raggiunta e l'introduzione del servizio militare obbligatorio, accrebbe il malcontento della popolazioni venete e laziali in procinto di entrare a far parte del nuovo Stato.

Per quanto riguarda i cespiti extra-tributari, furono ceduti diversi beni demianali, l'asse ecclesiastico, le ferrovie e il materiale rotabile posseduto dallo Stato alla società Alta Italia per 188 milioni di lire (1865) e concessa la Privativa dei Tabacchi ad una Regìa cointeressata per 15 anni contro un'anticipazione di 180 milioni di lire (1868) e un canone annuo per l'intera durata della concessione: le somme incassate attraverso tali operazioni ebbero un'incidenza del 16% sul totale delle entrate complessive.

Già nel 1868 le entrate erano aumentate del 79%.
Il deficit al netto degli interessi era scomparso, mentre per la copertura della spesa per gli interessi occorsero ancora alcuni anni (fu completata nel 1872).
Ma il debito, grazie soprattutto ai deficit strutturali di bilancio, alle spese militari straordinarie (compreso il pagamento di un'indennità di guerra all'Austria) e all'assunzione dei debiti delle regioni annesse (quello del Veneto e il debito pontificio tra il 1868 e il 1871), triplicò in pochissimi anni, mentre il rapporto debito/PIL balzò dal 45% del 1861 al 95% nel 1876.

Nonostante il raggiungimento del pareggio di bilancio, tra prestiti obbligazionari e Buoni del Tesoro continuamente collocati sul mercato, mutui ottenuti dalla Banca Nazionale per decreto e proclamazione del "corso forzoso" di tutti i

bilgietti in circolazione con conseguente abuso di
emissione di moneta, la situazione finanziaria del neonato
Regno d'Italia sembrava volgere ormai già al collasso.

L'era della Destra Storica volgeva al termine.
Il governo Minghetti II fu messo in minoranza dallo stesso
Parlamento, sulla proposta di nazionalizzare le ferrovie.
Il primo ministro dovette dare le dimissioni: per la prima
volta nella storia del Paese un capo del governo veniva
esautorato dal Parlamento e non più per autorità regia.
Vittorio Emanuele II, preso atto delle dimissioni, diede
l'incarico di formare un nuovo governo ad Agostino
Depretis, principale esponente delle opposizioni.

Gli esponenti della Destra storica, passati all'opposizione e
in gran parte toscani ed emiliani, furono ribattezzati come
"la consorteria" e nel 1882 confluirono nel Partito Liberale
Costituzionale, compagine che nel 1912 confluirà
nell'Unione LIberale insieme alla Sinistra.

Il **secondo periodo** si caratterizza per un'alternanza tra
avanzi e disavanzi di bilancio ed è segnato dall'approdo
della Sinistra al governo (1876-1896), che, come negli anni
recenti, eredita una situazione catastrofica in fatto di
finanze pubbliche nonostante i proclami miranti
all'austerità dei predecessori al potere, riusciti, giusto a fine
mandato, ad intervenire sul deficit.

Depretis, incaricato dal re pochi giorni dopo le dimissioni
del primo ministro Minghetti, formò un governo che, oltre
all'appoggio della Sinistra, schieramento di cui faceva
parte, godeva anche dell'appoggio di quella parte della
Destra che aveva sfiduciato l'esecutivo uscente e durante il

suo mandato cercò sempre ampie convergenze con l'opposizione, soprattutto su temi che riguardavano la nascita di uno Stato unitario e le sue infrastrutture. D'altronde, il malcontento popolare per la forte pressione fiscale introdotta dall'esecutivo dimissionario e l'assedio militare di alcune aree del Paese era altissimo e problematica era diventata la gestione di tante opere pubbliche avviate e non portate a termine per raggiungere il tanto agognato fine del pareggio di bilancio da parte di Quintino Sella.

Gli esponenti della Sinistra storica provenivano principalmente dalla media borghesia ed erano in gran parte avvocati.

Nell'ottica dell'ambizioso progetto di avvicinare la politica al paese reale, il governo Depretis, di evidente impronta liberal progressista, provò a spingere fin da subito verso l'alfabetizzazione della popolazione e l'allargamento del suffragio elettorale.
Con la legge Coppino (1877) rese obbligatoria e gratuita l'istruzione elementare (dai 6 ai 9 anni d'età).
Con la legge Zanardelli (1882) riuscì ad allargare il diritto di voto a tutti i maschi che avessero compiuto i 21 anni e rispettassero i requisiti per il voto quali il pagamento di un'imposta di almeno 19,8 lire, dalle precedenti 40, o, in alternativa, il conseguimento dell'istruzione elementare appena allargata (in altri termini, bastava dimostrare di saper leggere e scrivere).
Con la riforma elettorale Zanardelli, in sostanza, si spostò l'attenzione dal censo all'istruzione per poter votare ed il corpo elettorale passò dal 2,2% (1880) al 6,9% della popolazione italiana.
L'obiettivo era raggiungere l'universalità, ma, con alleati i conservatori, area nella quale si spostò Depretis e gran

parte del suo partito a fine mandato in virtù di quel trasformismo che vide avvicendarsi alla guida dell'esecutivo i principali esponenti politici del Parlamento, era stato compiuto già un primo grande passo in tale direzione.

La Sinistra storica adottò diversi provvedimenti anche in campo amministrativo, con l'avvio di un decentramento dei poteri, e in campo sociale, con l'introduzione delle prime misure a difesa dei lavoratori, e si pose l'obiettivo, raggiungendolo solo nel 1884 a causa della forte opposizione della Destra in Senato, di abolire la tassa sul macinato dopo averla ridotta gradualmente nel 1879 e nel 1880.

Furono anche avviate numerose inchieste per verificare le condizioni di vita della popolazione rurale.
L'inchiesta Jachini, la più nota di esse, mise a nudo una serie di situazioni ignobili quali una malnutrizione diffusa, un alto indice di mortalità infantile (soprattutto per difterite), grossa povertà diffusa e scarse condizioni igieniche.
Sempre più importante, inoltre, stava diventando il fenomeno dell'emigrazione.

La Sinistra storica, in politica interna, oltre all'abolizione della tassa sul macinato, cercò di perseguire, in generale, una politica di sgravi fiscali e di investimenti nello sviluppo industriale del paese proseguendo su molti punti del precedente governo e, complice la crisi economica che colpì il comparto agricolo e le forti pressioni degli industriali del Nord e dei latifondisti del Mezzogiorno (liberali e progressisti i primi, decisamente reazionari i secondi), una politica protezionista, che si tradusse nell'intervento diretto dello Stato nell'economia.

Emblematica, in tal senso, l'introduzione di tariffe doganali a protezione delle industrie tessili e siderurgiche e la concessione di sussidi ai settori in difficoltà.

Si assistette ad una fase storica caratterizzata da bilanci di parte corrente con segno positivo, grazie ad un buon equilibrio tra aumenti di spesa e incrementi delle entrate, ed un'inversione di rotta dal 1888 al 1893 a causa delle grosse spese per finanziare le campagne coloniali e, in generale, ad un quadro economico molto negativo sia in ambito interno che in campo internazionale.

Il rapporto debito/PIL aumentò fino al 1897, per poi diminuire durante l'età giolittiana, complice anche una generale ripresa dell'economia che rese possibile un'importante operazione di alleggerimento dei tassi d'interesse.
Il picco del rapporto si registrò nel 1889, quando crebbe fino a quota 116%: decisivo per tale impennata fu il contributo dell'abolizione del corso forzoso, del riscatto delle strade ferrate romane e delle ferrovia dall'Alta Italia e dell'avvio dei lavori per una rete ferroviaria nazionale pubblica.

Degni di nota due atti istituzionali che segneranno la storia finanziaria del Paese per gli anni a venire: la fondazione delle Casse di Risparmio postali e l'istituzione del Ministero del Tesoro.
Il primo, del 1875, fu l'ultimo atto della politica finanziaria della Destra storica dovuto al più volte ministro Quintino Sella, il secondo fu invece uno dei primi atti della Sinistra, varato con decreto del 26 dicembre 1877 da Agostino Depetris nell'ambito di un più ampio progetto di riforma generale dell'amministrazione pubblica che procedette a singhiozzi e con enormi difficoltà.

La separazione effettiva del dicastero delle Finanze da quello del Tesoro venne infatti sancito soltanto nel 1889 con il Regio Decreto n° 5988 del 18 marzo e fu Giovanni Giolitti a ricoprire il ruolo di primo vero e proprio Ministro del Tesoro.

Con l'istituzione delle Casse di Risparmio postali si diede vita ad un'apertura di un canale di finanziamento alla Cassa Depositi e Prestiti (fondata nel 1863) che permise di fornire finanziamenti di importi decisamente più elevati di quelli concessi fino a quel momento agli enti locali e di creare un canale istituzionale per il collocamento dei titoli di Stato alternativo a quello rappresentato dalle banche d'emissione, aspetto che si rivelò poi determinante a partire dal 1895, quando con la legge n°486 dell'8 agosto si prescrisse che almeno la metà dei fondi della Cassa Depositi e Prestiti dovesse avere tale destinazione.

L'interesse della Sinistra per la rete ferroviaria non si limitò al riscatto delle reti ferrate romane e dell'Alta Italia, atti quasi del tutto dovuti al governo di Destra ma non portati a termine dallo stesso per problemi di bilancio, ma si estese alla costruzione di moltissime nuove tratte e al generale tentativo di creare una regolamentazione omogenea su tutto il territorio del Regno ed una rete nazionale che placasse le forti lamentele del mondo del commercio circa la scarsa copertura del territorio da parte delle società private allora operanti.
Il progetto, rivelatosi molto più costoso di quanto inizialmente preventivato, impegnò per circa 30 anni tutti i governi che si susseguirono e diede vita ad uno schema secondo il quale le tratte divennero tutte di proprietà dello Stato e l'esercizio delle ferrovie concesso, mediante convenzione rinnovabile, a tre società private.

Il capitale necessario avrebbe dovuto essere reperito mediante titoli speciali da collocarsi solo all'interno mediante una Cassa delle Strade Ferrate, amministrata dalla Cassa Depositi e Prestiti, ma ciò sfumò e per anni si andò avanti emettendo una pura e semplice rendita consolidata, obbligazioni ferrioviarie e, nel 1905, anno del rinnovo delle convenzioni, certificati ferroviari, per proseguire poi spaziando tra svariate formule.

La Sinistra si impegnò per altre opere pubbliche urbane, stradali e idrauliche che, direttamente e indirettamente (garantendo i prestiti obbligazionari concessi), impattarono sul debito pubblico (come le opere a Roma e Napoli e l'intervento nella stessa città partenopea a seguito dell'epidemia di colera nel 1884), ma dal 1889 al 1892 si ritrovò a fronteggiare quelli che furono ribattezzati come "gli anni più neri dell'economia del nuovo Regno".

Gli effetti della rottura dei rapporti commerciali con la Francia avvenuta nel 1887, l'esplosione della bolla immobiliare e la fine della speculazione edilizia con le drastiche conseguenti ricadute sulle attività produttive, l'eccessiva esposizione di molti istituti di credito, che finì per impattare anche sulla salute delle stesse banche d'emissione, misero a dura prova la tenuta della finanza pubblica e, insieme alle spese sostenute per le grandi opere e al perdurare della crisi agraria esplosa su scala mondiale nel 1874 e che ormai dal 1880 aveva coinvolto anche l'Italia, favorirono i primi disavanzi dal risanamento raggiunto nel 1872.

La crisi agraria innescata dall'eccesso di offerta sulla domanda di derrate alimentari (grano su tutte) provocata dal forte ruolo assunto sul mercato da Stati Uniti, Australia e Argentina si protrarrà fino al 1896, mentre per le banche e gli istituti di credito si accelerò quel processo di riordino del sistema bancario più volte accennato e proposto ma mai, fino a quel momento, realizzato con la fondazione della Banca d'Italia.

Per il riordino del Debito Pubblico si optò per l'emissione di Buoni Ordinari del Tesoro e prestiti consolidati e la reintroduzione dell'affidavit[3] per bloccare la fuga di oro dal Paese.

Il **terzo periodo** analizzato (1896-1914) si caratterizza per un vero e proprio decollo dell'economia nazionale dovuto ad un quindicennio di prosperità e crescita con bilanci regolarmente in attivo.

Dal punto di vista politico, dopo la sconfitta ellettorale della Sinistra storica, sette volte vittoriosa alle elezioni e con la quale s'erano alternati e/o susseguiti 8 governi Depretis, 3 governi Cairoli, 4 governi Crispi, un governo Giolitti ed un governo Di Rudinì, ritornò al governo la Destra storica confluita nel Partito Liberale Costituzionale, ma, in realtà, fu un susseguirsi di governi e maggioranze di alternanza, così come alterni furono i risultati alle urne in quegli anni.

---

[3] applicato una prima volta dal 1875 al 1881, durante il corso forzoso (1866-1882), si tratta di una clausola che rende obbligatoria la presentazione del titolo accompagnata dalla dichiarazione giurata che esso appartiene a stranieri. Il pagamento all'estero degli interessi dei prestiti contratti dagli stati a circolazione cartacea avveniva in valuta metallica, causa di dannose speculazioni a danno dello stato emittente, poiché, quando i cambî lo consentivano, i banchieri nazionali facevano una gran incetta di cedole spedendole fuori dai confini nazionali per il pagamento e lucrando poi la differenza di cambio tra l'oro e la valuta nazionale.

Dopo la caduta del governo Crispi nel 1896, i governi successivi allentarono i conflitti politici e doganali con la Francia e provarono a perseguire la lotta al disagio sociale del Paese.

L'instabilità politica la faceva, tuttavia, da padrona e, nell'ottica di garantire maggiore stabilità agli esecutivi, Sidney Sonnino, liberale e conservatore esponente della Destra storica e ministro delle Finanze e del Tesoro durante i governi Cirspi del 1893 e 1896, nel 1897 invocò la necessità di un maggiore rispetto dello Statuto albertino, proponendo addirittura il ripristino della prassi stabilita dallo Statuto per la quale il governo era responsabile nei confronti del re e non del Parlamento.

Nel 1898, nel corso di una manifestazione pacifica, si registrarono decine di morti a Milano e il generale Pelloux, chiamato dal re al governo, propose al Parlamento alcune leggi eccezionali appoggiato dal re stesso.

Giolitti fu il più strenuo oppositore e l'opposizione riuscì a vincere una dura battaglia politica.

Due anni dopo a Monza l'anarchico Bresci uccise il re Umberto I per vendicare i morti di Milano e l'evento fece da volano alla "svolta liberale" e all'età giolittiana.

Vittorio Emanuele III, il nuovo re, diede l'incarico di formare il governo al liberale Zanardelli, già ministro della Giustizia e fautore della prima importante riforma elettorale durante il quarto governo Depretis, e Giolitti divenne ministro dell'Interno.

La mossa del re spiazzò Parlamento e opinione pubblica, in quanto il capo della maggioranza era Sidney Sonnino, ma l'autorevole esponente della sinistra liberale Zanardelli sembrava godere del pieno appoggio di Giolitti, leader dell'opposizione e a sua volta in grado di dialogare anche

con il mondo cattolico, ed era vicino ai socialisti, che continuavano a tenersi fuori da ogni maggioranza.
Il re, dunque, aveva intravisto la possibilità di un quadro politico stabile e così fu fino alla prima guerra mondiale.

Vinte le elezioni del 1903, Giolitti propose al socialista riformista Filippo Turati di entrare a far parte delll'esecutivo, ma, pur offrendo la propria collaborazione sul piano parlamentare valutando le proposte "caso per caso", questi rifiutò.

Giolitti mantenne il governo estraneo ai conflitti di lavoro e si oppose all'intervento delle forze dell'ordine anche durante gravi scioperi (come quello del 1904).

Cercò, inoltre, l'alleanza con i cattolici, fino ad allora tenutisi estranei alla politica del governo come richiestogli "dall'alto", ottenendo il patto Gentiloni del 1913, siglato a fini elettorali per bloccare l'avanzata del Partito Socialista Italiano.
La riforma elettorale approvata il 25 maggio 2012 aveva introdotto il suffragio universale maschile ed il numero degli aventi diritto al voto era aumentato notevolmente, volando ad oltre 8.600.000. Essa era il prezzo che Giolitti aveva dovuto pagare ai socialisti per l'appoggio ottenuto durante la guerra italo-turca e tanti dei nuovi elettori erano operai, mondo in cui il PSI riscuoteva molti consensi.
In virtù del Patto Gentiloni, raggiunto sulla base di un precedente accordo già sperimentato alle elezioni del 1909, il partito liberale mise a disposizione dei candidati cattolici un grosso numero di seggi, mentre Gentiloni, che presiedeva l'Unione Elettorale Cattolica Italiana, dal canto suo, fu incaricato di passare al vaglio i candidati liberali col fine di far confluire i voti dei cattolici su quelli tra loro che

promettessero[4] di fare propri i valori affermati dalla dottrina cristiana e, allo stesso tempo, di negare il proprio sostegno a leggi anticlericali.

Il trend più positivo in campo economico internazionale e il clima di fiducia nato grazie alla stabilità delle istituzioni scaturita dal "controllo giolittiano del Parlamento" favorì la ripresa economica interna.

Pur non riuscendo ad arrivare ad una riforma agraria, in agricoltura si registrò un deciso miglioramento dei conti delle aziende, mentre il sistema industriale crebbe con la nascita delle grandi industrie al Nord.

Altro elemento favorevole in termini di dati economici, ma non certo dal punto di vista sociale, fu l'emigrazione

---

[4] I sette punti d'impegno, detti anche «Eptalogo», che ogni candidato doveva sottoscrivere e che furono inseriti anche nell'accordo fondativo del Partito Liberale Italiano (firmato nello stesso anno) erano:
1. Difesa delle istituzioni statutarie e delle garanzie date dagli ordinamenti costituzionali alle libertà di coscienza e di associazione, e quindi opposizione anche ad ogni proposta di legge in odio alle congregazioni religiose e che comunque tenda a turbare la pace religiosa della Nazione;
2. Svolgimento della legislazione scolastica secondo il criterio che, col maggiore incremento alla scuola pubblica, non siano fatte condizioni che intralcino o screditino l'opera dell'insegnamento privato, fattore importante di diffusione e di elevazione della cultura nazionale;
3. Sottrarre ad ogni incertezza ed arbitrio e munire di forme giuridiche sincere e di garanzie pratiche, efficaci, il diritto dei padri di famiglia di avere pei propri figli una seria istruzione religiosa nelle scuole comunali;
4. Resistere ad ogni tentativo di indebolire l'unità della famiglia e quindi assoluta opposizione al divorzio;
5. Riconoscere gli effetti della rappresentanza nei Consigli dello Stato, diritto di parità alle organizzazioni economiche o sociali indipendentemente dai principii sociali o religiosi ai quali esse si ispirino;
6. Riforma graduale e continua degli ordinamenti tributari e degli istituti giuridici di giustizia nei rapporti sociali;
7. Appoggiare una politica che tenda a conservare e rinvigorire le forze economiche e morali del paese, volgendole a un progressivo incremento dell'influenza italiana nello sviluppo della civiltà internazionale.

massiccia verso le Americhe, che fece ridurre il dato dei disoccupati e, attraverso le rimesse dei migranti, permise un importante aiuto all'economia di intere zone depresse e alla bilancia dei pagamenti.

In un quadro contabile di sostanziale pareggio del bilancio, la lira divenne una valuta stabile apprezzata sui mercati internazionali.

In materia di politica estera, Giolitti migliorò i rapporti con la Francia, anche se mantenne la tradizionale alleanza con l'impero austro-ungarico e la Germania (la Triplice alleanza).

Anche per venire incontro al nazionalismo, in decisa crescita in Italia e nel resto d'Europa, attaccò l'Impero ottomano e occupò la Libia, dove la risposta dei libici fu molto dura.
La guerra ebbe fine nel 1913 con la vittoria degli italiani, che tuttavia presero il controllo soltanto della costa, ma non dell'interno del Paese.

Si ebbe, in estrema sintesi, un periodo di riforme sociali e miglioramento della qualità della vita dei cittadini, mentre per la finanza pubblica decisivo fu il un ruolo della Cassa Depositi e Prestiti, divenuta epicentro della politica economica dello Stato, sia per il finanziamento degli enti territoriali, sia per la raccolta attraverso il collocamento dei titoli di Stato e dei vari strumenti alternativi ad essi.
Si registrò, inoltre, un'enorme crescita nella raccolta del risparmio postale.

Fattori che spinsero ad un aumento del reddito e ad una contrazione del rapporto debito/PIL fin al di sotto dell'80%, sebbene il debito, all'alba della prima guerra mondiale, viaggiasse ormai a livelli altissimi.

(rapporto debito/PIL 1861-1913[5])

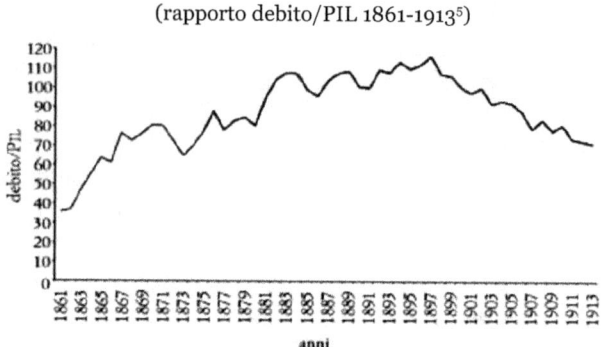

---

[5] V. Zamagni, Il debito pubblico italiano 1861-1946: ricostruzione della serie storica, in Rivista di storia economica, Il Mulino, 3/1988, dicembre, p.209

2.3 La prima guerra mondiale e la crisi del dopoguerra

Con la prima guerra mondiale i conti pubblici subirono una decisa impennata grazie alla notevole crescita della spesa pubblica ad essa correlata.

Il Paese fece registrare disavanzi su disavanzi e l'aumento delle imposte e la messa in circolazione di maggiori quantitativi di moneta non riuscirono a mitigare tale tendenza.

L'Assassinio a Sarajevo dell'arciduca Francesco Ferdinando, erede al trono degli Asburgo, fu l'evento che il 28 giugno 1914 fece scoppiare la Prima guerra mondiale. L'Austria dichiarò subito guerra alla Serbia, alleata della Russia, e a catena tutte le nazioni europee si trovarono coinvolte nel conflitto generale.

In realtà la corsa agli armamenti era partira già da inizio secolo e l'assissinio in Serbia rappresentò la scintilla da tanto attesa.

I grandi gruppi di interesse (quelle che oggi siamo soliti definire lobby) e le industrie pesanti, guardando verso il grande sviluppo che la guerra avrebbe portato, facevano pressione sui rispettivi governi affinché adottassero una politica bellicosa.

I nazionalismi imperversavano in tutta la vecchia Europa e i tedeschi, in ritardo rispetto a Francia e Inghilterra in materia di politiche coloniali e rimasti fuori dalla corsa all'accaparramento dei territori dell'ex impero ottomano mentre Russia e Austria provavano già da tempo a contenderseli, entrarono in Turchia e cominciarono ad appoggiare gli austro-ungarici contro la Serbia, paese che covava un forte sentimento nazionalista contro l'Austria, e i turchi contro la Russia.

Scoppiò così una guerra senza precedenti, condotta per terra, per mare e dai cieli, con l'impiego di armi mai usate prima di allora (aerei, carri armati, sottomarini e gas asfissianti, iprite su tutti).
Lo schieramento iniziale vedeva Austria contro Serbia e Russia contro Germania, con i francesi che si allearono immediatamente con i russi reagendo alla richiesta di rimanere neutrali da parte dei tedeschi con un attacco aereo su Norimberga.
Gli inglesi, nel frattempo, preoccupati dalla potenza raggiunta dalle flotte navali tedesche, chiesero alla Germania il rispetto della neutralità del Belgio ed i tedeschi, in tutta risposta, invasero con le loro truppe il territorio belga rompendo anche con l'Inghilterra.

Sulla base dei patti precedentemente sottoscritti, il conflitto vedeva da una parte gli Stati dell'Intesa (1907), che comprendevano Francia, Inghilterra, Russia, affiancata da Serbia, Belgio, Grecia e Romania, dall'altra Germania e Austria-Ungheria, insieme a Turchia e Bulgaria.

Subito dopo anche il Giappone, alleato dell'Inghilterra, prese parte al conflitto e in poco più di tre mesi occupò tutte le piccole e sparpagliate colonie tedesche nel Pacifico.

Della Triplice Alleanza firmata nel 1882 rimase fuori inizialmente l'Italia, che tuttavia rivendicava Trentino e Venezia Giulia, sotto il dominio dell'alleato austriaco, quale parte integrante della nazione.
Il Paese, economicamente impreparato a reggere un conflitto di tale portata, si era dichiarato neutrale, ma aveva l'obbligo di intervenire solo nel caso in cui uno dei suoi alleati fosse stato attaccato.

Nel 1915, dopo lunghe dispute tra neutralisti e interventisti, l'Italia entrò in guerra a fianco dell'Intesa e, sulla base della strategia ideata dagli alleati e sottoscritta nel Patto di Londra del 26 aprile 2015, aprì un nuovo fronte nelle Alpi Orientali costringendo gli imperi centrali a spostare le truppe su questo versante.

Nel frattempo l'Inghilterra organizzò un blocco continentale per impedire i rifornimenti alla Germania.

La contro-offensiva austriaca, motivata dal mancato rispetto della Triplice Alleanza da parte dell'Italia, non si fece attendere e i due Paesi persero tantissime vite umane.
Come tante furono le vittime francesi e tedesche nella "guerra delle trincee" dopo che la Germania aveva invaso la Francia attraverso il Belgio.
Germania che, dal canto suo, rispose al blocco continentale attaccando l'Inghilterra con una battaglia navale presso le Jutland, che perse, e con la "guerra sottomarina indiscriminata" nell'Atlantico.
Con essa, decretata il 1° febbraio 2017, ogni nave diretta ai porti dell'Intesa sarebbe stata considerata un bersaglio legittimo.
Pochi giorni dopo gli Stati Uniti, politicamente vicini alla

Gran Bretagna, ruppero le relazioni diplomatiche con la Germania.

Con la pace di Brest-Litovsk del 3 marzo 1918 la Russia si arrese e uscì dal conflitto in seguito allo scoppio della rivoluzione d'ottobre che portò Lenin alla guida del Paese. Il Trattato sancì la vittoria degli Imperi centrali sul Fronte orientale e le sorti della guerra sembravano volgere a favore di essi, ma l'intervento degli Stati Uniti capovolse definitivamente la situazione.

Astenutisi dall'intervenire sia per la politica di neutralità adottata dal presidente Wilson, sia per la forte avversione alla guerra da parte dell'opinione pubblica, almeno fino all'affondamento del transatlantico statunitense Lusitania carico di civili (1915) sotto i colpi del sommergibile tedesco U-20 e il tentativo di istigare il Messico ad attaccare gli Stati Uniti (telegramma Zimmermann[6]), il 6 aprile 1917 Wilson dichiarò guerra alla Germania: gli USA avrebbero addestrato circa un milione di soldati, che gradualmente sarebbero arrivati a tre milioni.

Ma ci sarebbe voluto almeno un anno affinchè l'esercito statunitense fosse addestrato, rifornito adeguatamente e trasportato via mare in Francia e nel frattempo i tedeschi riuscirono a spostare tutte le truppe dal versante orientale verso l'occidente e gli austro-ungarici, anch'essi liberatisi dal conflitto con la Russia, ad assediare l'Italia.

Tra maggio e luglio 1918 Germania e Austria-Ungheria

---

[6] documento inviato via telegrafo il 16 gennaio 1917 dal Ministro degli Esteri dell'Impero tedesco, Arthur Zimmermann, all'ambasciatore tedesco in Messico, Heinrich von Eckardt, e decrittato dall'ammiraglio inglese William Hall, che lo consegnò all'ambasciatore statunitense a Londra Walter Page, col quale si istruiva l'ambasciatore tedesco ad accordarsi con il governo messicano per formare un'alleanza contro gli Stati Uniti.

sopravanzarono in Francia e Italia e solo la strenua resistenza dei rispettivi eserciti, e le grosse difficoltà di quello tedesco, sempre meno dotato di approvvigionamenti, consentì di fermare gli invasori e attendere lo sbarco di circa un milione di soldati statunitensi.

Da agosto a novembre la controffensiva alleata, la resistenza dell'esercito italiano e la riorganizzazione delle truppe franco-britanniche misero in ginocchio gli eserciti tedesco e austro-ungarico e dopo una serie di rese e richieste di armistizio, l'11 novembre del 1918 gli Imperi Centrali firmarono la pace con una serie di trattati.

Con il trattato di Versailles[7] la Germania rinunciava all'Alsazia, alla Lorena ed alle proprie colonie.
Veniva obbligata alla restituzione dei danni di guerra e istituito il corridoio di Danzica che la divideva in due.
Vennero, inoltre, stabilite, tra le tanti pesanti penalizzazioni, la creazione della Polonia, che sottrasse gran parte di territorio tedesco e la cessione di alcuni distretti ricchi di carbone a Belgio, Danimarca e Cecoslovacchia.

Con la firma del trattato di Saint Germain, figlio dei preaccordi Parigi, il 10 settembre 1919 fu sancito lo smembramento dell'impero Austro-Ungarico in nuovi stati e territori quali Austria, Ungheria, Cecoslovacchia,

---

[7] stipulato nell'ambito della conferenza di pace di Parigi del 1919 e firmato da 44 Stati il 28 giugno 1919 a Versailles, in Francia, è suddiviso in 16 parti e composto da 440 articoli. Germania, Austria ed Ungheria non vi presero parte, ma si limitarono a firmare il trattato finale, dopo le minacce, da parte dei vincitori, di una ripresa della guerra nel caso non lo avessero fatto.
Gli Stati Uniti d'America non ratificarono il trattato: alle elezioni del 1918 s'era imposto il Partito Repubblicano, che, grazie ad una maggioranza schiacciante al Senato, bloccò due volte la ratifica in nome dell'isolazionismo e dei dubbi sull'eccessivo ammontare delle riparazioni a carico degli sconfitti.

Jugoslavia, Trentino-Alto Adige, Venezia Giulia e Istria.

Il piano di natura economica per la risoluzione del problema delle riparazioni di guerra a carico della Germania, riconosciuta quale principale responsabile del conflitto dal Trattato di Versailles, venne approvato nel 1924 e ribattezzato come piano Dawes, dal nome del suo ideatore.
Politico, banchiere e ambasciatore statunitense, nominato coordinatore del comitato internazionale cui toccò valutare il problema della riparazione dei danni di guerra dovuti dalla Germania ai Paesi vincitori e poi vicepresidente degli Stati Uniti d'America dal 1925 al 1929, Charles Gates Dawes fu insignito del Premio Nobel per la Pace l'anno successivo.

Il piano Dawes mirava, da un lato, a favorire la ripresa dei pagamenti tedeschi[8] mediante una dilazione a rate crescenti e la riorganizzazione della Banca centrale tedesca e, dall'altro, a ripristinare un regolare cambio della valuta attraverso la creazione di una nuova moneta, il Reichsmark.
I tedeschi avrebbero potuto onorare i loro debiti emettendo un prestito obbligazionario di 800 milioni di marchi oro, pari a circa 200 milioni di dollari che furono collocati dalla

---

[8] Francia e Gran Bretagna, sulla base della clausola della responsabilità della guerra, sancirono che la Germania pagasse non solo i danni arrecati ai civili, vale a dire le riparazioni vere e proprie, ma anche l'intero costo sopportato dai governi alleati per la prosecuzione della guerra. Si trattava di una cifra pari a 132 miliardi di marchi oro, da pagare a rate con l'interesse del 6%, equivalente a circa 31,35 miliardi di dollari oro, cioè 1,5 miliardi di once, pari ad oltre 46000 tonnellate d'oro.
Da ricordare che nel gennaio 1923 Francia e Belgio, quale garanzia per le dovute riparazioni di guerra stabilite dal Trattato di Versailles, occuparono militarmente il bacino minerario tedesco della Ruhr, privando il governo tedesco del principale elemento della ripresa economica.

J.P. Morgan & Co. soprattutto negli USA e in parte minore in Francia e Inghilterra, garantito dalle azioni della società ferroviaria tedesca e da un'ipoteca sulle entrate fiscali.

Il piano, che avrebbe consentito di far affluire capitali statunitensi in Germania e da qui indirettamente alle altre nazioni europee colpite dalla guerra, si basava fondamentalmente su due punti:
- la Germania non avrebbe potuto pagare le riparazioni che le erano state addebitate attraverso la ratifica del Trattato di Versailles (1919) finché non fosse stata messa in condizioni di riprendersi[9];
- era, dunque, necessario fornirle i finanziamenti necessari per tale fine.

Come poi sarebbe avvenuto nel secondo dopoguerra con il Piano Marshall, gli Usa avrebbero ottenuto come contropartite, oltre all'ovvia ingerenza nella politica interna, quelle di:

---

[9] La sconfitta Germania si era ritrovata nella prima metà degli anni venti ad affrontare un'inflazione irrefrenabile: nel 1916 il vecchio marco tedesco era scambiato a 8 contro un dollaro statunitense, due anni dopo era sceso a 26 per dollaro, sul finire del 1922 era crollato a 2420, nel 1923 a 100.000, precipitando poi in una caduta libera fino al 15 novembre del 1923, quando l'ultima transazione ufficiale fece registrare un cambio di 4.200 miliardi di marco (divenuto nel frattempo Papiermark per l'abbandono del collegamento con l'oro) per dollaro. La valuta della repubblica di Weimar valeva ormai meno della carta sulla quale veniva stampata. L'iperinflazione e la correlata crisi finanziaria determinarono una drastica redistribuzione del reddito e della ricchezza, con finanzieri e grossi imprenditori che, grazie ad abili manovre speculative, riuscirono ad azzerare i loro debiti e accumulare grossi fortune e gran parte della popolazione, su tutti i percettori di reddito fisso, videro i loro piccoli risparmi polverizzarsi nell'arco di settimane, il loro potere d'acquisto annientarsi e, quindi, il loro tenore di vita peggiorare a velocità supersonica. La disoccupazione e il malcontento sociale che ne conseguirono minavano la tenuta delle istituzioni e diversi furono i tentativi di roveasciamento del governo, senza dimenticare il tentato colpo di stato ("della birreria") a Monaco del 9 novembre 1923 da parte di Adolf Hitler.

- esportare in Europa merci e capitali in sovrapproduzione, evitando una crisi economica (che per altri motivi si verificherà ugualmente nel 1929);
- legare i mercati europei e soprattutto tedeschi a quelli propri in modo da arginare possibili rivoluzioni di origine comunista;
- rilanciare l'economia europea così da vedersi ripagati in tempi ragionevoli i debiti di guerra.

Ritornando alla finanza pubblica italiana, cessato il conflitto bellico, il disavanzo venne ulteriormente aggravato da un'improvvisa frenata delle spese e, di conseguenza, degli investimenti pubblici, i cui effetti si intensificarono a causa di un sistema tributario logoro e poco funzionante che non riuscì a garantire entrate in grado di coprire le uscite statali, ma al massimo i soli interessi sul debito.

Il peso delle imposte, inoltre, diventò di sana pianta particolarmente asfissiante e dunque frenante per il rilancio delle spese.
E ciò per tutta una serie di motivi quali la perdita di valore della lira a seguito dell'aumento di circolante, la bassa crescita delle entrate totali, la contrazione del commercio interno e internazionale e, in generale, la mancata ripresa dell'economia.

Le tasse, infatti, dopo aver toccato il 18% delle uscite correnti nel 1918, subirono una brusca e poi costante crescita, mentre lo Stato, per coprire il fabbisogno sorto per le spese belliche, emise con regolarità buoni ordinari del Tesoro, che andarono a sommarsi ai cinque prestiti nazionali emessi tra il 1914 e il 1917 e all'ulteriore prestito emesso appena subito dopo il conflitto con lo scopo di consolidare il debito fluttuante.

Alla fine della Grande guerra, in estrema sintesi, la situazione debitoria fece registrare un deciso cambiamento:

- il totale dell'ammontare dei debiti consolidati e redimibili crollò dal 94,1% del 1914 al 60,9% del 1922;

- il debito fluttuante crebbe di oltre 30 punti, posizionandosi sotto la soglia del 40% del totale;

- il debito pubblico aumentò di oltre 75.000 milioni;

- il rapporto debito/PIL toccò il 125%, nuovo record negativo.

Si rese, inoltre, necessario collocare prestiti all'estero attraverso l'emissione di buoni speciali: i principali sottoscrittori risultarono la Gran Bretagna e gli USA, ormai una vera e propria superpotenza economica su scala mondiale.
I debiti verso i Paesi esteri, in generale, risultarono di pari ammontare di quelli interni, circa 93.000 milioni.
Si tratta, tuttavia, di prestiti particolari che non incisero sull'economia italiana in quanto si era fissato che le relative annualità sarebbero state controbilanciate dagli incassi derivanti dalle riparazioni a carico della Germania (secondo il piano Dawes l'Italia riceveva il 10% del totale delle indennità pagate dalla Germania).

2.4 Il ventennio fascista e la seconda guerra mondiale

Il primo governo fascista si insediò nel 1922 e nello stesso anno il Ministero del Tesoro e quello delle Finanze vennero accorpati sotto un'unica struttura.

Stiamo parlando, ricordiamolo, di un regime a carattere antiliberale e antidemocratico, che tenne il potere per circa un ventennio, dal 1922 al 1945.

I primi nuclei di fascisti vennero costituiti a Milano nel 1919 e nell'ottobre 1922, con la marcia su Roma[10], il Fascismo s'impadronì del potere.

---

[10] La marcia, durata diversi giorni, dal 26 al 30 ottobre, avvenne dopo mesi di violenze squadriste contro sedi e iscritti di partiti e sindacati di sinistra, e in un contesto democratico compromesso dal susseguirsi di governi deboli. Obiettivo di Mussolini era quello di estromettere Luigi Facta dalla guida del governo forzando la mano al re, Vittorio Emanuele III, che si sarebbe trovato a decidere, durante lo svolgimento di quella manifestazione eversiva, se cedere alle pressioni dei fascisti e incaricare Mussolini di formare un nuovo governo o dichiarare lo stato d'assedio, rischiando la guerra civile. (Storia 28 ottobre 1922, la marcia su Roma: che cosa è successo in quei giorni? - G. Rotondi, Focus 7 ottobre 2017)

Mussolini, diventato capo del governo, in pochi anni si sbarazzò degli oppositori ed instaurò una dittatura che rapidamente, grazie anche all'appoggio già preventivamente accordatogli da parte di grossi industriali e latifondisti, prese in mano il Paese.

Furono sciolti gli altri partiti, i sindacati e, di fatto, le associazioni operaie socialiste e cattoliche, abolite le libere elezioni ed istituite le corporazioni, che asservirono i lavoratori al Partito Fascista.

Il Parlamento fu esautorato di ogni potere[11] e furono eliminati i principali oppositori, da Giacomo Matteotti, che, dopo aver denunciato le violenze e l'illegalità compiute dai fascisti nelle elezioni del 1924, fu rapito ed assassinato, a don Giovanni Minzoni (1923) e Giovanni Améndola (1926), morti dopo le gravi ferite riportate dalle aggressioni squadriste.
Numerosi coloro che furono rinchiusi nelle carceri per aver contestato pacificamente il regime e tantissimi quelli che dovettero espatriare per continuare fuori dai confini nazionali la lotta intellettuale contro la dittatura.
Ma il re non si smosse nel destituire il governo per nominarne un altro e l'antifascismo fu possibile, di conseguenza, soltanto in forma clandestina.

---

[11] Il 16 novembre 1922, durante il suo discorso di insediamento davanti alla Camera dei deputati, Mussolini si presentò con ili famoso "discorso del bivacco": "Avrei potuto fare di quest'aula sorda e grigia un bivacco di manipoli. Potevo sprangare il Parlamento e costituire un Governo esclusivamente di fascisti. Potevo: ma non ho, almeno in questo primo tempo, voluto". (Storia 28 ottobre 1922, la marcia su Roma: che cosa è successo in quei giorni? - G. Rotondi, Focus 7 ottobre 2017)

In termini di finanze pubbliche, la situazione ereditata dall'esecutivo era decisamente drastica.

Il ministro Alberto De' Stefani, titolare del nuovo dicastero dopo essere stato docente universitario a Roma e squadrista e deputato del PNF, propose un piano di rientro che passò per provvedimenti molto incisivi, tra cui l'eliminazione della tassa di successione e l'introduzione di un'imposizione personale complementare progressiva, con i quali riuscì prima a ridurre il deficit e poi, nel 1925, a decretare il raggiungimento del pareggio di bilancio.

Per gran parte dell'opinione pubblica si trattò in realtà di pura propaganda, poiché i buoni risultati sarebbero provenuti dalla cessazione delle uscite per la guerra, mentre per gli avversari di De' Stefani gli attivi di bilancio furono frutto soprattutto di artifici contabili, come l'attualizzazione di storni di uscite risalenti a decenni dietro.

Inoltre, la gestione del debito pubblico in senso stretto fece segnare diversi flop.

Nel 1924 venne emesso un prestito da 5 miliardi per diminuire il debito fluttuante, ma la sottoscrizione di fermò al 30% del totale. La fiducia da parte degli investitori e degli altri Stati era in picchiata e, non a caso, i tassi sui titoli ordinari volarono al 6%.

Per rimediare a tale batosta, verso la fine dello stesso anno, furono emessi buoni postali di risparmio che produssero, tuttavia, effetti positivi soltanto nel medio periodo.

Nel 1925 De' Stefani lasciò la guida del ministero a Giuseppe Volpi, già ministro di Giolitti, noto massone e imprenditore, prima nel campo elettrico e poi nel settore alberghiero, console in Serbia e poi Governatore della Tripolitania italiana, dove aveva appoggiato le dure repressioni ordinate dal generale Rodolfo Graziani contro i ribelli libici.

Volpi diede seguito alla politica di sgravi fiscali intrapresa dal suo predecessore e con lui, nel 1926, la Banca d'Italia divenne l'unico istituto ad avere il diritto di emettere moneta.

Poco dopo, nell'agosto dello stesso anno, Mussolini annunciò la rivalutazione della lira, operazione resasi necessaria perché lo Stato, con una moneta sempre più debole, non era più in grado di sostenere le spese per l'importazione di combustibili e materie prime in generale.

Gli stipendi dei lavoratori, inoltre, vennero tagliati con una forbice dal 10% al 20%, che negli anni della Grande Depressione per gli statali spaziò dal 12 al 35%, rendendosi davvero complicato per i ceti meno abbienti riuscire ad arrivare a fine mese.

Con il regio decreto-legge n. 1.831 del 1926, definito "Prestito Littorio", il governo attuò una conversione obbligatoria di titoli ordinari del Tesoro che si tradusse, di fatto, in una vera e propria confisca che colpì soprattutto gli imprenditori, coloro che all'epoca detenevano la più grande fetta di buoni statali a breve termine e tra i quali si annidavano alcuni dei più forti sostenitori della prima ora di un regime autarchico, repressivo verso le rivendicazioni salariali dei salariati e protezionista.

Il regime instauratosi e questi due ultimi interventi governativi fecero crollare l'affidabilità delle istituzioni italiane, al punto che il Tesoro per un decennio non ebbe più la possibilità di emettere nuovi titoli.

L'anno successivo fu quello della fine del corso forzoso della moneta: il tasso di cambio lira/dollaro, nel 1927, risultò pari a 19 a 1.

La rivalutazione della lira e il maggior rigore finanziario durante questo periodo influirono sulla struttura del debito in modo simmetrico: i debiti consolidati quasi raddoppiarono, mentre il fluttuante si ridusse fin quasi ad azzerarsi.

Il debito pubblico, in generale, durante il primo periodo (1922-29) del governo Mussolini assunse un andamento ribassista, vanificato poi da fasi caratterizzate da continui deficit.

Il periodo più tragico per le finanze statali fu il biennio 1933-34, durante il quale il disavanzo superò i 6.150 milioni.
Le uscite aumentarono e le entrate si contrassero, come per tutti i Paesi afflitti dalla Grande Depressione, ma ad aggravare la situazione italiana incisero tutta una serie di scadenze riguardanti la conversione del debito.
E l'anno successivo, quando le cose sembravano imboccare una diversa tendenza, cominciarono le spese per preparare l'ormai imminente conflitto nel Corno d'Africa.
Nel giro di soli sei anni, complici una delle peggiori conversioni della storia e l'acutizzarsi della grande depressione, il debito pubblico aveva fatto registrare un aumento di quasi 20.000 milioni.
E la situazione non migliorò nemmeno negli anni successivi, in cui continuarono ad inanellarsi disavanzi a causa delle elevate uscite di matrice militare e dell'indirizzo autarchico assunto dall'economia.

Nel 1933 in Germania si era piegata ad un movimento di tipo fascista, che fu definito Nazismo[12] ed ebbe come capo Adolf Hitler.

Pur avendo tanti punti in comune con il Fascismo italiano, il Nazismo si distingueva da questo per la teoria della razza, della "supremazia della razza ariana", in nome della quale vennero sterminate milioni di persone.

Hitler s'impadronì del potere nel 1933 e l'anno successivo diede vita ad un governo totalitario di estrema destra dalle forti connotazioni militaristiche, nazionalistiche e revansciste, antisemitiche e di superiorità razziale, marcatamente espansionista in termini di politica estera, soprattutto verso i territori dell'Europa dell'est abitati dalle popolazioni slave[13].

Assegnatosi per legge il titolo di Führer, fece eliminare tutti gli oppositori: in pochi anni quasi mezzo milione di tedeschi furono imprigionati e uccisi.

Diversi, allo stesso tempo, e spesso abbandonati in corso d'opera man mano che il suo potere cresceva, i provvedimenti a favore delle classi operaie e i ceti popolari in un'ottica di radicalizzazione politica presso una sempre

---

[12] Il Partito Nazionalsocialista Tedesco dei Lavoratori, noto soprattutto come Partito nazista o con la sigla NSDAP, era nato a Monaco nel 1920 dal Partito Tedesco dei Lavoratori (Deutsche Arbeiterpartei, DAP) e dal luglio del 1933 fino alla fine della seconda guerra mondiale nel 1945, quando venne dichiarato illegale e i suoi capi arrestati e condannati per crimini di guerra e contro l'umanità al processo di Norimberga, fu l'unico partito politico legalmente autorizzato della Germania nazista.

[13] Il primo movimento a definirsi Nazionalsocialista fu boemo e fondato nel 1898 in conseguenza di una scissione interna al sindacato unitario in quello che allora era l'Impero austro-ungarico tra i lavoratori slavi (soprattutto di etnia ceca) e tedeschi, con questi ultimi che, a loro volta, costituirono il loro partito, il Partito dei Lavoratori Tedeschi (Deutsche Arbeiter Partei, o DAP) nel 1904. Entrambi i partiti sorti dalla scissione sopravvissero alla separazione della neonata Cecoslovacchia dall'Austria sancita nel novembre 1918 a seguito della sconfitta nella prima guerra mondiale.

più ampia fetta della popolazione e di minare l'ampio consenso che ancora riscuotevano i socialisti in tali ambiti.

Nel 1935 Mussolini assalì l'Etiopia, conquistandola in pochi mesi.
L'aggressione dell'Etiopia provocò una rottura delle relazioni, allora buone sull'onda del lavoro fatto da Giolitti negli anni precedenti, fra gli Stati democratici (Francia e Inghilterra) e l'Italia e il nostro paese si avvicinò sempre più alla Germania nazista, con la quale strinse un patto militare, il Patto d'Acciaio[14].

La guerra d'Etiopia , dopo aver messo a dura prova le finanza pubbliche, spinse il Tesoro ad emettere nel 1936 un prestito forzoso, un vero e proprio prelievo a carico di tutti coloro in possesso di terreni e fabbricati.
Il regime continuava a perdere consensi anche tra quelli che avevano contribuito, per cinici "interessi di bottega", una concezione dei lavoratori quali "strumenti di produzione" o mere valutazioni di breve periodo, a farlo nascere.

I prestiti successivi, tutti di natura ordinaria, si attuarono attraverso l'emissione di titoli statali, accanto alle quali si accompagnarono i pagamenti differiti, vale a dire concessioni di liquidità da parte dei privati o da istituti di

---

[14] stipulato a Berlino, nella Cancelleria del Reich, alla presenza di Hitler e dello Stato Maggiore tedesco il 22 maggio 1939 dai ministri degli Esteri Galeazzo Ciano e Joachim von Ribbentrop, fu un patto tra i governi del Regno d'Italia e della Germania nazista di natura difensiva-offensiva. Il testo dell'accordo, la cui durata inizialmente fu stabilita in dieci anni, prevedeva che i due Paesi fossero obbligati a fornirsi reciproco aiuto politico e diplomatico in caso di situazioni internazionali che mettessero a rischio i propri interessi vitali. Aiuto che sarebbe stato esteso anche sul piano militare ne caso fosse scoppiata una guerra. Germania e Italia si impegnavano, inoltre, a consultarsi permanentemente sulle questioni internazionali e, in caso di conflitti, a non firmare eventuali trattati di pace separatamente.

credito che non vennero, però, annotati come debito pubblico.

Dal 1936 al 1939 Mussolini e Hitler combatterono in Spagna a fianco del generale Franco, che cercava di instaurare anche nella Penisola Iberica uno Stato autoritario.
Il colpo di Stato di Franco[15], con l'aiuto di Italia e Germania, riuscì ed anche in Spagna si instaurò un regime fascista.

Nel 1938 incominciarono le aggressioni di Hitler, che si impadronì dell'Austria e poi della Cecoslovacchia, e quasi contemporaneamente partì quella di Mussolini all'Albania. Atti che suscitarono seri allarmi tra le altre nazioni, con Francia e Inghilterra che offrirono la loro alleanza alla Polonia, che si sentiva minacciata da Hitler, dichiarando che sarebbero entrate in guerra a fianco di essa qualora la Germania l'avesse attaccata.
La pace europea era ormai più che a rischio.

Il 1° settembre 1939 Hitler, rivendicando dei diritti su una sottile striscia di territorio attraverso cui la Polonia aveva accesso al mare, nel porto di Dànzica, sul Baltico, ordinò all'esercito tedesco di attaccare lo stato confinante.
Poche ore dopo la Gran Bretagna e la Francia dichiararono guerra alla Germania.

---

[15] denominato dagli insorti Alzamiento Nacional, il colpo di Stato franchista del luglio 1936 segnò la fine della seconda Repubblica spagnola, segnando l'inizio della guerra civile spagnola.
L'obiettivo del gruppo di ufficiali golpisti era quello di rovesciare il governo del Fronte Popolare, di sinistra, eletto cinque mesi prima, tramite un colpo di Stato militare. La pianificazione aveva avuto inzio già prima delle elezioni, nei primi mesi del 1936, e l'insurrezione militare partì tra il 17 e il 18 luglio.
I franchisti non riuscirono a prendere immediatamente il controllo completo del paese e ne conseguì una drammatica guerra civile.

Successivamente furono la Russia, gli Stati Uniti e gran parte degli altri Paesi ad armarsi e a combattere i nazisti per difendere la libertà e la sicurezza comuni.

Il secondo conflitto mondiale era incominciato e Italia e Giappone[16] vi presero parte come alleati della Germania.

La guerra, che si estese gradualmente a molti altri Paesi e si combatté in diverse parti del mondo, durò sei anni, dal 1939 al 1945, e si concluse con la sconfitta della Germania e dei suoi alleati e con il crollo del Nazifascismo.

Sul piano strettamente finanziario fu un susseguirsi di continui deficit di bilancio.

Lo Stato per finanziarsi ricorse soprattutto a debiti fluttuanti, che divennero, così, la voce dominante nella struttura del debito italiano.

Uscito distrutto (in tutti i sensi) dalla seconda guerra mondiale, il Paese riuscì a ridurre la spesa per gli interessi sul debito grazie all'enorme svalutazione della lira e ad un elevato tasso d'inflazione, che mantenne il rapporto debito/PIL costantemente sotto il 125%, picco raggiunto negli anni '20, e con il crollo definitivo del regime fascista continuò a ridursi in modo sempre più marcato.

Nel 1945 era sotto l'80% e nel 1946 il rapporto si contrasse notevolmente, ripiegando al 32%.

---

[16] Il 25 novembre 1936 la Germania Nazista e l'Impero del Giappone avevano sottoscritto il cosiddetto Patto Anti-Comintern, vale a dire contro l'Unione Sovietica. L'Italia si era unita al Patto il 6 novembre 1937. Infine, il 27 settembre 1940, Germania, Italia e Giappone firmarono il Patto Tripartito che divenne noto come l'Alleanza dell'Asse.

(immagini da pixabay.com - uso libero)

2.5 Gli anni della ricostruzione e la crescita economica

Dopo la seconda guerra mondiale il ricorso al disavanzo di bilancio diventa ordinario.
Il Paese esce distrutto dal conflitto bellico.
L'instabilità economica la fa da padrona.
Il mercato interno è fermo, il sistema fiscale è antiquato e le uscite per i reduci e per i danni di guerra sono esorbitanti.

Il dato peggiore si registrò proprio nel 1946, con il deficit che sfondò i 900 miliardi di lire, dato più che dimezzato quattro anni dopo con le politiche di risanamento intraprese nel 1948.

Notevole il contributo al miglioramento generale dei conti pubblici da parte del piano di aiuti economico-finanziari statunitense per la ricostruzione dell'Europa post-bellica voluto dal segretario di Stato del presidente Truman George Marshall, già Capo di Stato maggiore dell'Esercito degli Stati Uniti durante la seconda Guerra Mondiale e principale consigliere militare del presidente Roosevelt (e Nobel per la pace nel 1953).

Quello che passerà alla storia come **Piano Marshall** fu presentato per la prima volta dal segretario di Stato in un discorso all'Università Harvard al suo primo anno d'incarico e fu accettato solo dai paesi dell'Europa Occidentale, che contribuirono a redigerlo nei dettagli.

Il Piano, denominato European Recovery Program (ERP), previde alla fine uno stanziamento di poco più di 14 miliardi di dollari per un periodo di quattro anni, con l'obiettivo dichiarato di favorire una prima integrazione economica nel vecchio Continente.

Gli Stati Uniti, attraverso l'Organization for European Economic Cooperation[17] (OEEC), l'organismo tecnico istituito per la gestione dei fondi, cercarono di spingere gli europei ad utilizzare gli aiuti per avviare un processo di trasformazione strutturale dell'economia dei loro Paesi e non per esigenze del momento, ma quasi tutti i beneficiari, pur accettando di stabilizzare le loro valute e dare maggiore spazio al commercio internazionale, specie con gli Stati Uniti, chiesero all'Economic Cooperation Administration (ECA), l'ufficio preposto alla collocazione degli aiuti, di poterli utilizzare per l'acquisto di generi di prima necessità, prodotti industriali, combustibile e, solo in via residuale, macchinari e mezzi di produzione.

Allo stesso tempo, centinaia di consiglieri economici furono inviati dagli Stati Uniti in Europa per fornire supporto per avviare la ripresa e l'ammodernamento del sistema produttivo e fu consentito a studiosi ed esperti europei di visitare gli impianti industriali e di frequentare corsi di formazione negli USA.

---

[17] il 30 settembre 1961 l'organismo, nato il 16 aprile del 1948, è stato sotituito dall''Organizzazione per la cooperazione e lo sviluppo economico (OCSE).

La natura degli aiuti fu per il 90% in risorse alimentari e il tutto venne concesso a fondo perduto.

Focalizzando l'attenzione sulla drammatica situazione italiana, sulla base dei dati dell'OMS, nel Paese vi era un palese scenario di malnutrizione.

Nel 1946 il dato medio della razione di pane al giorno si avvicinava ai 150 g, ben lontana dai 300 g che rappresentava allora la razione minima quotidiana.

Una situazione talmente drammatica che spinse De Gasperi, alla guida del governo di unità nazionale, nel novembre del 1946 a chiedere al capo provvisorio dello Stato Enrico De Nicola di intermediare con Truman per l'invio in Italia di 240mila tonnellate di grano entro i primi quindici giorni del gennaio dell'anno alle porte.

E ai principi di gennaio 1947 lo stesso De Gasperi s'incontrò con le autorità americane in un Forum nell'Ohio per decidere come far fronte alle esigenze.

Con il Piano Marshel all'Italia furono assegnati cospicui aiuti, tra i quali:

- un prestito di 100 milioni di dollari da parte della Import Export Bank;
- 220mila tonnellate di grano nel febbraio 1947;
- una fornitura di 700mila tonnellate di carbone mensili;
- fondi per la continuazione di soccorsi già garantiti nel 1946 dall'UNRRA[18] (United Nations Relief and

---

[18] organizzazione umanitaria internazionale fondata nel 1943 con l'accordo di 44 paesi allo scopo di fornire aiuto e assistenza immediati ai paesi più colpiti dalla guerra. Ha cominciato ad operare in Europa nel 1944, non appena le forze alleate hanno iniziato la liberazione dei paesi mediterranei e balcanici. L'azione dell'UNRRA era concentrata prevalentemente in alcuni paesi europei, tra cui l'Italia, attraverso programmi orientati a sostenere le fasce più deboli della popolazione ma anche volti alla ripresa della produzione sia agricola che

Rehabilitation Administration) ai Paesi usciti gravemente danneggiati dalla secondo guerra mondiale;
- 50 milioni di dollari come compenso per le spese sostenute dall'Italia per la presenza delle truppe americane;
- l'assegnazione di 50 navi;
- il dirottamento di 6 piroscafi con grano germanico.

L'Italia conobbe così una decisa crescita economica, sostenuta comunque da un costante ricorso a condizioni di deficit di bilancio.

Gli strumenti adoperati dallo Stato per finanziarsi in questi anni di ricostruzione furono, principalmente:

- i certificati di debito pluriennali (BTp);
- i titoli ordinari (BoT);
- il conto corrente fruttifero con la Cassa Depositi e Prestiti.

Tra i tanti provvedimenti, si ricordano:

- il Prestito della ricostruzione 3,50%, decreto legge n. 262 del 1946, che avviò la rinascita del Paese con un saggio d'interesse minore rispetto a quello di mercato (circa il 6%) perché collegato a benefici di natura fiscale;

- la costituzione, con il decreto legge n. 8 del 1958, di un Fondo per l'acquisto sul mercato dei buoni poliennali del Tesoro (novennali) in scadenza guidato dagli alti funzionari del Ministero del Tesoro e dotato di 20 miliardi sin dalla costituzione e, poi, a salire di 10 miliardi ogni anno fino ad un massimo di 50. Un'operazione che aveva il fine primario di alleggerire la tesoreria del grave onere legato alle oramai

---

industriale e alla riorganizzazione delle attività.

prossime scadenze dei BTp (la prima, di grande importanza, ad aprile dell'anno successivo al decreto).

La maggiore flessibilità nella gestione del debito complessivamente registratasi negli anni della ricostruzione post-bellica si tradusse in un'enorme crescita dello stesso, con il rilevante peso assunto dalla parte fluttuante e da quella redimibile.

Il boom economico di quegli anni, tuttavia, rese poco preoccupante l'impennata del debito sovrano, che fra il 1946 ed il 1961 aumentò da 1.067 a 5.901 miliardi di lire: il rapporto debito/PIL, infatti, grazie alla corsa del denominatore, nel quindicennio 1946-1961 raggiunse quota 29%.

Un trend che purtroppo non fece sentire addosso alla classe dirigente il peso della necessaria modernizzazione del Paese per renderlo pronto, anche dal punto di vista finanziario, alle grandi lotte per i diritti e una più equa ridistribuzione della ricchezza che sarebbero scoppiate di lì a poco e al processo di innovazione che stava già manifestandosi nei processi industriali delle principali potenze mondiali.

La crescita di allora, in parole povere, si dimenticò della crescita futura e i mancati investimenti in formazione, ricerca e sviluppo, passaggi cruciali per mantenere alta la competitività dei prodotti una volta che salariati e stipendiati sarebbero passati alle casse per rivendicare il dovuto riconoscimento per il loro apporto alla rinascita del Paese, ne sono una prova tangibile ancora oggi.

2.6 Gli anni Sessanta e la crescita continua del debito pubblico

Fino ai primi anni '60, grazie al boom economico che spinse il rapporto debito/PIL a livelli decisamente bassi, l'impatto del debito pubblico italiano sullo sviluppo economico rimase neutrale.
Nei decenni a venire non sarà più così.

Le grandi riforme strutturali avviate in questo decennio e gli avvenimenti internazionali in campo finanziario e speculativo di quello successivo, che metteranno a dura prova la tenuta di molti Stati, stravolgeranno il trend post-bellico.

Il periodo di grande crescita economica aveva ridotto notevolmente il divario tra l'Italia e gli altri paesi industrializzati.
Per la prima volta gli impiegati nell'industria avevano superato quelli agricoli.
Il tenore di vita delle famiglie stava migliorando.

Nelle case comparivano le prime televisioni, le lavatrici e i frigoriferi.

Le strade erano invase da Fiat 600 e 500: era partita la cosiddetta motorizzazione di massa, cui fece immediatamente seguito anche un ammodernamento delle infrastrutture viarie.

Lo sviluppo aveva però riguardato soprattutto il Nord, cosicché il divario tra questo e il sud del Paese s'era ancor più ampliato causando forti flussi migratori interni.

E i prodotti italiani erano molto competitivi sui mercati esteri per i prezzi bassi e questo era possibile perché bassi erano anche i salari: gli anni sessanta furono, infatti, anni di grandi lotte sociali.

Il quadro economico e sociale e l'avanzata alle urne del PCI ridisegnarono gli assetti politici del Paese: la DC di Moro aprì ai socialisti e nel 1963 il "centrismo" cedette al decennio di governi di centro-sinistra.

L'ingresso del partito socialista di Nenni nel governo e le proteste portarono ad importanti riforme, alcune delle quali si perfezioneranno nel decennio successivo, come:

- la nazionalizzazione dell'energia elettrica;
- l'istituzione della scuola media unica;
- lo Statuto dei lavoratori[19], "Norme sulla tutela della libertà e dignità dei lavoratori, della libertà sindacale e dell'attività sindacale nei luoghi di lavoro e norme sul collocamento", con all'art. 18 l'introduzione della giusta causa di licenziamento;

---

[19] legge 20 maggio 1970, n. 300.

- l'introduzione del divorzio (Legge 1 dicembre 1970 n. 898) e dell'aborto promossi dai radicali di Marco Pannella e fortemente sostenuti dal movimento femminista;
- il nuovo diritto di famiglia, con l'introduzione del riconoscimento della parità tra i coniugi;
- la riforma Brodolini, legge n. 153 del 1969, sul sistema pensionistico, che sancì, tra le principali novità, il passaggio definitivo dal sistema a capitalizzazione a quello a ripartizione, l'introduzione del metodo retributivo e gli adeguamenti in base ai prezzi;
- la riforma del sistema tributario, avvenuta tra il 1973 e il 1974.

Fuori dai confini nazionali si registrarono avvenimenti che lasceranno il segno nella storia.

Nel novembre del 1960 **John Fitzgerald Kennedy** viene eletto presidente degli Stati Uniti, incarico cui sarà designato a gennaio 1961.

Senza rinunciare al forte anticomunismo portato avanti dal predecessore Eisenhower, il più giovane presidente Usa della storia (43 anni), conscio dei pericoli annessi ad una guerra nucleare con l'URSS, provò ad avviare soluzioni diplomatiche e pacifiche all'interno di una programma di diffusione del pensiero democratico e di perseguimento del benessere espressamente ispirato al New Deal[20] di Roosvelt e ribattezzato New Frontier.

---

[20] il riferimento è al piano di riforme economiche e sociali promosso dal presidente statunitense Franklin Delano Roosevelt fra il 1933 e il 1937, con l'obiettivo di risollevare gli USA dalla grande depressione che aveva travolto il Paese a partire dal 24 ottobre 1929 (il "giovedì nero").

Egli promosse cooperazione e aiuti economici a favore dei Paesi in via di sviluppo in Africa ed in Asia in modo tale che esse venissero incoraggiate verso forme di governo democratiche e provò a dialogare con tutti i Paesi occidentali, anche con quelli non allineati, così da rendere più solido l'equilibrio nei blocchi contrapposti.

Ma il clima di un possibile conflitto tra le due grandi potenze mondiali pervase l'intero decennio e parte di quello successivo e JFK si sdoppiò tra abile tessitore di alleanze e spietato avversario del socialismo reale.

Già nell'aprile 1961 Kennedy autorizzò l'invasione di Cuba, mediante esuli addestrati dalla CIA ("Invasione della baia dei Porci"), contando che la popolazione si sarebbe sollevata contro il neonato regime socialista.
Il tentativo fallì, Fidel Castro, primo ministro cubano da due anni e protagonista con il fratello Raúl, Ernesto Che Guevara e Camilo Cienfuegos della rivoluzione cubana contro il regime del dittatore Fulgencio Batista, si alleò con l'Unione Sovietica e i due Paesi si accordarono per l'installazione di missili nucleari sul territorio cubano.

La minaccia nucleare sovietica ora stazionava a poco più di 200 chilometri dalla Florida.
Kennedy allora decretò il blocco navale dell'isola, ufficialmente per impedire che vi arrivassero armi atomiche ma che di fatto si tradusse in un vero e proprio embargo, e la crisi si risolse con un compromesso in base al quale i sovietici smantellarono le basi sull'isola e gli Stati Uniti si impegnarono a rispettare la sovranità e il principio di autodeterminazione di Cuba.
L'isola, sotto la dittatura di Batista colonia di piacere e svago statunitense e uno dei luoghi più poveri del pianeta, pur in tutte le sue contraddittorie interpretazioni del

pensiero marxista e di democrazia, diventava un vero e
proprio Stato, con una sua piccola economia, una parvenza
di autonomia dall'Urss nonostante i forti aiuti economici
ricevuti da questa per la sua posizione strategica e uno dei
sistemi sanitari pubblici più invidiati al mondo.

Sempre nel 1961, il 13 agosto, la Germania Est iniziò la
costruzione del Muro di Berlino.
Dopo la seconda Guerra Mondiale Francia, Stati Uniti,
Gran Bretagna e Unione Sovietica s'erano "spartita" la città
di Berlino in quattro zone.
Il settore sovietico era il più esteso, ma in pochissimi anni
il numero di coloro che scappavano dalla zona controllata
dai russi diventava sempre più elevato: per fermare l'esodo
delle persone dalla Germania Est, nella notte tra il 12 e il 13
agosto il regime comunista iniziò la costruzione di un muro
attorno ai tre settori occidentali.
Il muro era lungo più di 155 km e dopo l'edificazione
iniziale venne regolarmente migliorato.
Nel giugno dell'anno seguente venne costruito un secondo
muro all'interno della frontiera per rendere più ardua la
fuga verso l'Ovest: fu creata la cosiddetta "striscia della
morte".
Il primo muro fu poi abbattuto.
Nel 1965 partì la costruzione della terza generazione del
muro: composto da lastre di cemento armato collegate da
montanti di acciaio e coperti da un tubo di cemento, esso
avrebbe sostituito gli altri due.
Esso divenne l'emblema della "cortina di ferro" e nel 1975
partì la costruzione del "muro di quarta generazione",
ancora più imponente e robusto degli altri.

Il clima di tensione tra i due blocchi, come comprensibile, caratterizzò la scena politica internazionale, senza dimenticare le varie forme di censura, persecuzioni, messa all'indice, ostracismo e reclusione sperimentate, attraverso formule più o meno esplicite, all'interno delle due principali potenze e dei Paesi loro più fedeli alleati.

Nell'aprile del 1963 papa Giovanni XXIII diede alle stampe l'enciclica Pacem in terris, con la quale spronava le superpotenze al dialogo e deprecava lo spreco di risorse per la corsa agli armamenti.
L'appello del pontefice non rimase inascoltato e USA e URSS siglarono un trattato con cui bandivano gli esperimenti nucleari nell'atmosfera e nei mari, continuando soltanto quelli sottoterra.

Ma i protagonisti di tale primo passo in avanti verso un progetto di pace più ampio e duraturo scomparvero e con essi questo grande sogno.
Kennedy fu assassinato a Dallas il 22 maggio dello stesso anno e ancora oggi si potrebbero girare centinaia di film e serie tv per ipotizzare una ricostruzione di come possa essere accaduto, il pontefice si spense nel giugno 1963 per il deteriorarsi di un quadro clinico già grave da almeno un anno senza riuscire a vedere la chiusura del Concilio Ecumenico Vaticano II da lui stesso inaugurato e destinato a rinnovare profondamente la Chiesa e Nikita Kruscev, capo dell'Unione Sovietica dichiaratamente intenzionato a stabilire un rapporto di pacifica, ma competitiva, "coesistenza" con gli Stati Uniti e primo segretario del Comitato Centrale del PCUS a denunciare pubblicamente i crimini di Stalin, dovette rassegnare le dimissioni l'anno successivo a seguito di una congiura di palazzo architettata, facendo leva sull'insuccesso dell'armamento di Cuba, l'incontro con Giovanni XIII, sembra, privo di una vera

investitura da parte del Comitato Centrale e i tentennamenti circa l'approvazione dell'invasione sovietica dell'Ungheria, dai "cospiratori stalinisti" e alcuni membri dei vertici del Kgb.

Il 1963 fu anche l'anno della marcia pacifica su Washington con la quale oltre 200mila afro-americani rivendicarono il riconoscimento dei loro diritti civili.
A guidarla il pastore Martin Luther King, appassionato studioso dell'opera di Gandhi e forte sostenitore della lotta non violenta, Premio Nobel per la pace 1964 e vittima di un attentato il 4 aprile 1968.
Per il suo omicidio non fu mai condannato nessuno.

Il 1968 fu l'anno della rivoluzione hippy, cominciata in California e diffusasi rapidamente in tutto il mondo, e del "maggio francese", una delle più importanti rivoluzioni studentesche che, insieme alle rivolte operaie, evidenziarono la richiesta di un mondo svincolato dalle logiche capitalistiche, imperialiste e il rifiuto della società tradizionale da parte dei giovani e, in breve tempo, di gran parte delle categorie sociali.

Altro evento centrale negli anni sessanta fu la guerra in Vietnam.
Con la Conferenza di Ginevra del 1954, successiva alla guerra d'Indocina contro l'occupazione francese, l'ex colonia della Francia era stata divisa in Vietnam del Nord, sostenuto da Cina e Urss, e Vietnam del Sud, appoggiato dagli Stati uniti.
Nel Vietnam del Sud già dal 1° novembre 1955 si sviluppò la guerriglia dei vietcong, sostenuti dal governo del Nord.

Timorosi che la caduta di Saigon avrebbe sancito la conquista comunista dell'intero sud-est asiatico, gli Stati Uniti, con ancora Kennedy alla presidenza, decisero di intervenire inviando in aiuto del regime del Vietnam del Sud 30mila uomini.

Ai principi del 1968, i vietcong, aiutati dalla popolazione contadina sudvietnamita e supportati dalle potenze comuniste, lanciarono un'offensiva durissima che, per quanto respinta, costò un duro prezzo agli USA in termini di vite umane, certezze interne su quel ruolo di invincibili cucitogli addosso dai due conflitti mondiali e reputazione.

La guerra in Vietnam non fu mai ufficialmente dichiarata come un conflitto tra i due blocchi, ma gli Stati Uniti, guidati da Lyndon Johnson, prima, e Richard Nixon, poi, dal 1965 al 1972 inviarono in aiuto del regime del Sud un'enorme quantità di forze terrestri, aeree e navali, con un picco di 550.000 soldati nel 1969.
In appoggio all'esercito statunitense parteciparono al conflitto anche forze militari inviate da Corea del Sud, Thailandia, Filippine, Australia e Nuova Zelanda.
Sull'altro fronte, Cina e Unione Sovietica appoggiarono il Vietnam del Nord e i ribelli del Sud politicamente e con ingenti forniture di armi, mentre Il Vietnam del Nord intervenne direttamente con il proprio esercito regolare, che a partire dal 1964 infiltrò sempre più suoi combattenti nel territorio del Sud per affrontare le forze statunitensi con offensive che culminarono nella campagna di Ho Chi Minh del 1975.

Nonostante la potenza di fuoco impiegata, gli Stati Uniti non riuscirono a conseguire la vittoria, collezionando anzi pesanti perdite, finendo per abbandonare ufficialmente il governo del Vietnam del Sud nel 1973, lasciando a difesa di Saigon circa 50.000 militari.

La guerra terminò il 30 aprile 1975, con la caduta di Saigon.

Gli Stati Uniti, mentre al proprio interno continuavano, dal 1968, le proteste dei cittadini contro il conflitto, subirono la prima vera sconfitta politico-militare della propria storia.

Il 21 luglio 1969 gli astronauti americani Neil Armstrong e Buzz Aldrin raggiunsero la Luna a bordo della navicella Apollo 11 lanciata dal razzo Saturn V.

La conquista dello spazio era la nuova frontiera dove le superpotenze mondiali erano in forte competizione.

Per i sognatori, la ricerca e la scienza un decennio così controverso e per lunghi tratti molto drammatico non poteva chiudersi meglio.

2.7 Gli anni Settanta

Gli anni Settanta del novecento sono gli anni della crescita smisurata del debito italiano.

L'Europa, dopo decenni segnati da un costante miglioramento in termini di benessere economico e sociale e in piena rimodulazione della segmentazione delle classi sociali, conosce una drastica battuta d'arresto a causa di una crisi economica che non solo ne rallenta la crescita, ma mette in discussione tutti i capisaldi del capitalismo e sotto assedio i frutti delle conquiste sociali.

Il decennio precedente si era chiuso con le proteste del '68 e il cosiddetto "autunno caldo", avvenimenti che avevano spinto ad un aumento dei costi di produzione (e, soprattutto, dei salari) non accompagnato tuttavia da una corrispondente crescita economica, anche per l'incapacità degli esecutivi (e dei parlamenti) di dare vita ad un aumento degli investimenti e/o ad una razionalizzazione delle spese che contrastasse seriamente l'impennata dei costi.

Banca d'Italia, inoltre, per calmierare la speculazione sul sistema Paese e controllare il circolante, tra il 1969 e il 1970 aveva effettuato imponenti operazioni d'acquisto sul mercato dei titoli, arrivando a possederne quasi il 25% del totale in circolazione, riducendo, allo stesso tempo, la linea di credito abitualmente concessa al Tesoro.

Nei primi anni del 1970 partiva la "regionalizzazione" del Paese e il tentativo di decentrare il potere dagli apparati ministeriali agli enti territoriali: la crescita costante della spesa pubblica era ormai una realtà, anche se ancora al di sotto della media europea (40% del Pil).

Le politiche statali erano però ormai basate sui disavanzi di bilancio e gli investimenti pubblici in infrastrutture sociali (che innescassero un'inversione del trend di decrescita economica) non riuscivano a generare quel necessario aumento delle entrate che potesse fare da contraltare alla spinta al rialzo dell'indebitamento statale.

Il debito era allora composto per circa il 37% da titoli a lungo termine, dalla raccolta postale mediante i debiti contratti con la Cassa Depositi e Prestiti, da impieghi bancari, da titoli a medio termine e da un, ancora, ridotto debito estero.

Circa il 30% di esso era nelle mani di imprese, privati e famiglie, mentre gli intermediari finanziari e Banca d'Italia concentravano le loro acquisizioni sui titoli a più lungo termine.

Il 90% del totale della situazione debitoria dello Stato era comunque in mano a soggetti residenti: situazione che rendeva meno preoccupante il peso della stessa nell'agenda dei governi..

Tra il 1971 e il 1972 la decisione di Nixon di sospendere gli accordi di Bretton Woods innescò una spirale speculativa su scala globale e un aumento dell'inflazione in tutti i Paesi europei: il fabbisogno finanziario dello Stato per fronteggiare la scricchiolante situazione sociale crebbe notevolmente, come la propensione al risparmio delle famiglie.

Il debito italiano raggiunse rapidamente la soglia del 50% del Pil.

Con i prestiti concessi dal Fondo Monetario Internazionale (FMI) nel 1974 e nel 1978, in occasione dei due shock petroliferi, con il Paese che, grazie alla crisi, rischiava, sostenevano gli alleati, di finire in mano al partito comunista, il debito pubblico assunse connotati non più economici, ma prevalentemente politici, facendo registrare un'ulteriore impennata.

Una corsa che proseguirà poi a seguito del "compromesso storico" tra DC e PCI, basato sul contenimento dell'aumento del costo del lavoro in cambio di maggiori investimenti pubblici in materia di assistenza sanitaria, istruzione, previdenza sociale, accesso alla cultura e difesa del verde, e che non s'arresterà nemmeno di fronte ai vari tentativi di spending review introdotti legislativamente sul finire del decennio.

Alla soglia degli anni Ottanta, complice il calo generale di fiducia sul sistema Italia da parte dei mercati internazionali e il conseguente rialzo dei tassi d'interesse a breve e medio periodo a carico delle casse dello Stato, il debito pubblico era arrivato al 60% del Pil, superando la media europea: la spesa corrente era ormai del tutto scollegata dalle entrate fiscali e il nostro debito sovrano, tramite il ricorso a prestiti e all'emissione "a raffica" di titoli pubblici da parte dello Stato, assumeva l'odierna configurazione.

2.7.1 La fine degli accordi di Bretton Woods

Nel 1971 il presidente Nixon dichiarò che gli Stati Uniti non erano più in grado di garantire la conversione in oro dei dollari in mano agli altri Stati, sancendo così la revoca degli accordi di Bretton Woods, primo vero esempio di un sistema di regole concordato su base mondiale per il controllo delle politiche monetarie internazionali.

A Bretton Woods, nota località del New Hampshire, la prima colonia britannica nordamericana a staccarsi dalla corona inglese nel gennaio 1776, contribuendo a fondare sei mesi dopo, con altri 12 Stati, gli Stati Uniti d'America, nel mese di luglio 1944, su iniziativa degli USA e nella piena consapevolezza del caos monetario che tra i due conflitti mondiali aveva generato una guerra commerciale senza precedenti, si erano fissati i principi per un governo del sistema monetario tra Paesi indipendenti.

Dopo 22 giorni di estenuanti ed aspre riunioni gli oltre 700 delegati dei 44 Paesi alleati rappresentati a Bretton Woods avevano convenuto:

- la creazione del Fondo monetario internazionale (FMI) e della Banca internazionale per la ricostruzione e lo sviluppo (BIRS).
Compito principale del Fondo era quello di vigilare sulla stabilità del sistema monetario in modo da garantire le basi per la ricostruzione del commercio internazionale libero e multilaterale. Il peso di ogni stato membro nel Fondo era fissato in proporzione alla quota di capitale di esso sottoscritto;

- la possibilità per gli stati in situazioni di disavanzo di accedere ai prestiti del FMI attraverso i diritti di prelievo;

- la convertibilità in dollari USA di tutte le valute (sistema "dollaro-centrico");

- il vincolo per le banche centrali di ogni singolo Paese di mantenere un cambio stabile con il dollaro (il cui valore, a sua volta, era agganciato alle quotazioni dell'oro), con l'obbligo (non per la Federal Reserve) di riallinearlo attraverso il ricorso ad operazioni di mercato aperto in caso di scostamenti (al rialzo o al ribasso) del tasso di un punto percentuale rispetto agli accordi;

- che la svalutazione fosse votata unicamente dal FMI e solo al verificarsi di problemi strutturali. Al Fondo toccava inoltre vigilare sull'applicazione di tali politiche monetarie da parte del singolo Paese in difficoltà;

- la cosiddetta "clausola di scarsità", secondo la quale se una valuta era scarsa, gli altri Stati potevano unilateralmente decidere di ridurre le importazioni da quel Paese per far ripartire le proprie.

Gli accordi non consentivano tuttavia la corretta individuazione del quantitativo di dollari in circolazione, permettendo così agli Stati Uniti di esportare la loro inflazione nel resto del mondo e ridurre, di conseguenza, il potere d'acquisto all'interno dei Paesi partner, ma il sistema monetario creato era riuscito comunque a calmierare per oltre un quarto di secolo i conflitti economici tra gli Stati alleati.

Dopo la guerra in Vietnam e, in generale, il forte indebitamento raggiunto dagli Stati Uniti per finanziarie conflitti bellici, sorreggere l'espansione delle proprie multinazionali e, in generale, far fronte all'aumento delle richieste di conversione in dollari delle riserve in oro, il sistema entrò in crisi e il 15 agosto 1971, come anticipato, il presidente Richard Nixon, a Camp David, una delle residenze del primo cittadino degli Stati Uniti (nota soprattutto per il trattato di pace raggiunto tra Egitto e Israele nel 1978 con Jimmy Carter alla Casa Bianca), annunciò la sospensione della convertibilità del dollaro in oro e l'introduzione di una tassa sulle importazioni negli USA pari al 10%.

A dicembre dello stesso anno il G-10 siglò a Washington lo Smithsonian Agreement, decretando ufficialmente la fine degli accordi di Bretton Woods.
Con l'accordo raggiunto presso lo Smithsonian Institute si stabilì una svalutazione del dollaro del 7,9%, fissando un tasso di cambio con l'oro pari a 38 dollari per oncia ma senza ripristinare l'obbligo della Fed di scambiare dollari in oro sospeso da Nixon.
Il nuovo trattato abolì la tassa sulle importazioni voluta pochi mesi prima da Nixon e modificò i tassi di cambio tra le altre monete stabilendo una banda di oscillazione del 2,25% intorno alle nuove parità.

Fondo monetario internazionale e Banca mondiale (l'evoluzione della BIRS), pur nate per vigilare su un sistema di cambi fissi tra le valute, tutte agganciate al dollaro, il cui valore era a sua volta legato all'oro, restavano in vita per garantire la liberalizzazione del commercio internazionale e la tenuta del sistema monetario.

Poco più di un anno dopo, nel febbraio del 1973, complici gli shock petroliferi che stavano già affiorando e che si sarebbero intensificati l'anno successivo e l'aumento della domanda di dollari correlata alla dimensione economica raggiunta da Francia e, soprattutto, Germania e Giappone, Paesi per i quali le restrizioni commerciali imposte loro dopo la fine del secondo conflitto mondiale stavano affievolendosi, ogni legame tra dollaro e valute estere, e lo standard aureo in generale, venne definitivamente abbandonato: il sistema dei cambi a livello globale divenne flessibile (fluttuazione controllata dalle Banche centrali), con il conseguente venir meno di un caposaldo del capitalismo moderno, la centralità sovrana del dollaro e, dunque, degli Stati Uniti.

Nel gennaio 1976 a Kingston[21] (Giamaica) il sistema dei cambi introdotto con gli accordi di Bretton Woods subì ancora un'ulteriore drastica revisione, accogliendo il principio che i tassi di cambio dovessero adeguarsi alle esigenze (mutevoli) della politica economica interna dei singoli Stati.

Nel 1978, altro anno di shock petroliferi e forti tensioni sociali, i principali Paesi europei, consci dell'impossibilità

---

[21] gli accordi della Giamaica del 1976 sancirono definitivamente l'abbandono del sistema monetario delle parità fisse ma aggiustabili e furono la conferma ufficiale dell'abbandono del ruolo legale internazionale dell'oro.

da lì a pochi anni di poter fronteggiare il debito pubblico e la tenuta del potere d'acquisto e degli investimenti conseguenti alle guerre commerciali nel Vecchio continente scaturite dal nuovo regime dei cambi, diedero vita ad un Sistema monetario europeo, lo SME, con l'obiettivo principale di ridurre l'inflazione attraverso la stabilizzazione dei cambi e l'unificazione della moneta europea attraverso la creazione di una moneta scritturale unica, l'ECU[22] (European Currency Unit - Unità di conto europea).

Questo sistema, con il Rapporto Delors (1988) e il Trattato di Maastricht (1992), porterà alla creazione nel 1992 dell'UEM (Unione Economica e Monetaria) che guiderà alla nascita, nel 1999, della moneta unica europea, l'euro.

---

[22] introdotta dal Consiglio Europeo nel 1978, l'ECU fu la seconda valuta (virtuale) dell'Unione europea dopo l'UCE (abbandonata nel 1975). Insieme agli Accordi europei di cambio (AEC) diede vita nel 1979 al Sistema Monetario Europeo. L'ECU nasce come una unità di conto per la redazione del budget interno della Comunità europea per diventare, poi ,più simile ad una vera valuta, utilizzata, ad esempio, per depositi bancari e per traveler's cheque, anche se non fu mai coniata come vera moneta, se non a scopo collezionistico. Il suo valore era la media ponderata delle valute che la componevano, ognuna relazionata all'importanza economica del Paese corrispondente.

2.7.2 Gli shock petroliferi

In questo decennio il sistema economico internazionale viene messo seriamente in discussione, dopo una lunga fase di ininterrotta crescita, da una crisi senza precedenti, capace di rievocare la Grande depressione del 1929.

A far scaturire questa decisa inversione del ciclo economico fu la crisi petrolifera del 1973-1974, con la quale l'economia si trovò a fronteggiare un aumento improvviso e sostenuto del prezzo della sua principale materia prima.
Il sistema economico del dopoguerra era diventato, infatti, sempre più dipendente dal petrolio come principale fonte energetica per l'industria, il riscaldamento, i trasporti e la produzione di detergenti, fertilizzanti, materie plastiche, fibre e coloranti.
Il prezzo di beni e servizi dipendeva, quindi, da quello dell'oro nero.

Nel 1973, con lo scoppio della quarta guerra arabo-israeliana[23], i Paesi arabi facenti parte dell'OPEC, l'organizzazione dei Paesi produttori di petrolio nata nel 1960 con l'accordo tra Arabia Saudita, Kuwait, Iran, Iraq e Venezuela e alla quale negli anni successivi aderiranno anche Emirati Arabi Uniti, Libia, Algeria, Nigera, Qatar, Indonesia, Gabon e Ecuador, sancirono l'embargo verso i Paesi occidentali che appoggiavano Israele, Usa e Paesi Bassi su tutti, stabilendo una riduzione progressiva della produzione di greggio.

---

[23] con l'espressione "guerre arabo-israeliane" si individuano i quattro gravi conflitti internazionali trai paesi arabi e lo stato di Israele nel periodo tra la fondazione di quest'ultimo nel 1948 e il 1973.

La prima guerra arabo-israeliana – anche "guerra di Palestina" o "guerra di indipendenza" – si svolse tra il 1948 e il 1949, in concomitanza della nascita dello stato ebraico, e vide Egitto, Giordania, Iraq, Libano e Siria riunire i propri eserciti sotto un unico comando e invadere Israele. Durante la guerra, interrotta da brevi armistizi, l'esercito israeliano riuscì a capovolgere la situazione e a impossessarsi di parte di Gerusalemme e dei territori assegnati dall'Assemblea delle Nazioni Unite agli arabi. Il conflitto si concluse con la firma di una serie di armistizi bilaterali in date diverse che non prevedevano alcuna sistemazione definitiva dei territori, ma che sancivano una sostanziale vittoria delle forze israeliane quantomeno su Egitto, Siria e Libano.

La seconda guerra arabo-israeliana – nota anche come "guerra del Sinai" – si svolse nel 1956 e vide fronteggiarsi Egitto e Israele nel contesto più ampio della crisi di Suez. Essa portò all'occupazione israeliana dei territori del Sinai, che furono poi evacuati nel 1957.

La terza guerra arabo-israeliana – detta anche "guerra dei sei giorni" – fu condotta da Israele tra il 5 ed il 10 giugno 1967 contro un'ampia coalizione di paesi arabi e si tradusse in una clamorosa vittoria delle forze israeliane, che distrussero le forze aeree di Egitto e Giordania e occuparono la penisola del Sinai, la Cisgiordania, la striscia di Gaza e le alture del Golan, costringendo gli avversari ad accettare la resa.

La quarta guerra arabo-israeliana – nota come guerra dello "Yom Kippur" perché ebbe inizio in coincidenza con l'omonima festività ebraica – si svolse nel 1973 e fu scatenata da un attacco simultaneo di Egitto e Siria, che inflissero a Israele gravi perdite. Le forze israeliane, tuttavia, riuscirono a contrattaccare in un primo momento a nord, contro la Siria, e poi anche a sud, nella zona del canale di Suez, dove gli egiziani subirono una sonora sconfitta. Dieci giorni più tardi, sotto il pressing delle Nazioni Unite, si raggiunse un accordo per il cessate il fuoco seguito, il 18 gennaio 1974, da un disimpegno delle forze lungo il Canale.

In pochi mesi le scorte mondiali si ridussero del 10%, mentre il prezzo subito raddoppiò, per poi quasi quadruplicare in un solo anno, volando da 3 a 11,5 $ al barile. Un aumento che mise in ginocchio il commercio internazionale, le produzioni industriali e l'economia tutta. Una questione, quella arabo-israeliana, che oltre ad assumere dei connotati tragici in ambito umano e politico, diventò anche motivo di rottura tra i produttori del greggio e il cartello delle compagnie occidentali, facendo temere il peggio per la tenuta del sistema economico come concepito fino a quel momento.

Se il sistema sovietico, quello del cosiddetto "socialismo reale", reggeva a stento e solo grazie a politiche interne sempre più repressive, il capitalismo non se la passava meglio e con la crisi del 1979 che seguì alla rivoluzione khomeinista[24], all'interruzione delle forniture iraniane di "oro nero" e alla guerra tra Iran e Iraq, sembrava anch'esso barcollare fortemente sotto la scure della speculazione e di una serie di interdipendenze internazionali erettesi su equilibri precari e asimmetrici.
Nel 1979, ad esempio, a fronte di una contrazione della produzione del 4%, il prezzo del greggio raddoppiò e nel 1980 esso arrivò a valere 19 volte più di 10 anni prima (34 $ al barile): un valore decisamente sproporzionato al calo della produzione.

La dinamica dei prezzi della principale materia prima dell'economia dimostrò al mondo intero come il calo della

---

[24] tra il 1978 e il 1979 tutte le forze di opposizione al regime repressivo dello scià Mohammad Reza Pahlavi, che godeva di un rapporto privilegiato con gli USA, si riunirono intorno alla figura dell'Ayatollah Ruhollah Khomeyni, confinato in esilio, prima a Najaf, in Iraq, poi a Parigi, per aver apertamente criticato lo scià fin dal 1963. Le proteste di massa iniziarono nel 1978 e l'anno successivo l'Iran si trasformò da monarchia in una repubblica islamica sciita, ispirata alla legge coranica.

quota di greggio controllato dalle compagnie petrolifere occidentali sul mercato internazionale (meno della metà a fine anni settanta) fosse di per sé sufficiente ad alimentare un susseguirsi di manovre speculative e non fosse in grado di costituire una base sufficiente per un'efficace politica di razionamento delle scorte capace di limitare un'impennata del livello generale dei prezzi.

2.7.3 La stagflazione

Il rapidissimo aumento dei prezzi per un bene che è allo stesso tempo materia prima e risorsa energetica per consumi e industria non può che mettere in ginocchio le economie dei Paesi che lo importano.

Per la prima volta dal dopoguerra e, in generale, in tempo di pace l'inflazione raggiunse livelli senza precedenti: tra il 1972 e il 1983 l'aumento medio annuo registrato fu del 9,1%.
Allo stesso tempo, anche grazie alle politiche di austerità e di calo dei consumi perseguite dai Paesi più industrializzati, la produzione calò del 10%.

Si prospettò una dura fase di recessione che presentò contemporaneamente due caratteristiche mai verificatesi contemporaneamente su scala mondiale, stagnazione e inflazione, per cui si parlerà per lungo tempo di stagflazione[25].

---

[25] il termine pare sia stato coniato, o almeno adoperato per la prima volta, nel

Uno scenario che, complice le difficoltà oggettive delle relative popolazioni a rinunciare al livello di benessere conseguito, anche solo per provare a instaurare un sistema meno dipendente da un'unica fonte energetica e lontano dal modello della grande industria degli anni Sessanta e Settanta, comporterà modifiche radicali nel sistema economico e sociale dei Paesi più industrializzati, gettando le basi di quello che è il mondo contemporaneo.

Al calo della produzione industriale conseguente all'impennata del prezzo del petrolio farà sempre più da contrappeso, infatti, la capacità di attrarre i capitali dai Paesi produttori di greggio, incapaci o disinteressati a reinvestirli al loro interno, da parte, soprattutto, di Stati Uniti e Europa.

Esplode così il fenomeno dei cosiddetti "petrodollari", che negli anni Ottanta contribuirà da un lato all'aggiustamento delle bilance dei pagamenti dei Paesi dove arrivano tali flussi, e dall'altro, complici le scelte di Nixon nel 1971 sull'abbandono dei cambi fissi, alle turbolenze sui mercati dei cambi e, in generale, ad aggravare la spirale del debito.

1965 dal politico conservatore inglese Iain Macleod, ministro della salute, ministro del lavoro, segretario delle Colonie e più volte candidato leader del partito.

Tra il 1979 e il 1985, nonostante le reazioni dei singoli Paesi
e delle macroaree economiche alla crisi furono molto
diverse, la domanda di petrolio (ed il prezzo) si ridusse del
50%:

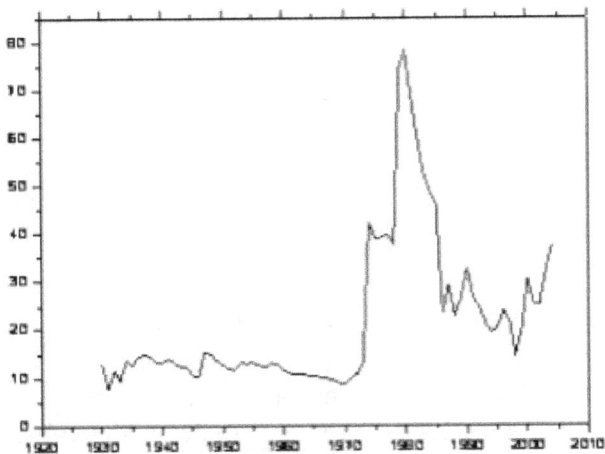

Il mondo, allora, era diventato consapevole che le risorse
non erano inesauribili.

2.7.4 Il postfordismo e lo sviluppo tecnologico

Di diverso segno le risposte a livello di organizzazione produttiva.

L'impennata del prezzo del petrolio mise in crisi il modello fordista della catena di montaggio a favore di modelli più flessibili, improntati alla variazione della domanda, ad una forte automazione dei processi produttivi e ad un maggiore coinvolgimento dei lavoratori nelle fasi produttive, e avviò repentini processi di deindustrializzazione che sfoceranno in uno sviluppo tecnologico che sarà poi ribattezzato come "terza rivoluzione industriale".

Il tracollo del modello fordista impattò irrimediabilmente sull'organizzazione e la dimensione delle unità produttive, dando maggior visibilità al dinamismo delle reti costituite da piccole e medie imprese, i cosiddetti distretti industriali, e, in generale, a strutture più di tipo orizzontale, più agili e basate su tre strategie che insieme si riveleranno vincenti quali la creazione di nuovi prodotti, la produzione e l'assistenza alla clientela e che evidenzieranno come i rigidi schemi dell'azienda multidivisionale, verticale e gerarchica impediscano di adattare il business ai cambiamenti in corso.

La ricerca di fonti alternative e il risparmio energetico diventarono la nuova frontiera della scienza.
In campi quali l'elettronica, la chimica e le biotecnologie per trovare soluzioni da impiegare a fini industriali essa registrò un'impennata straordinaria.
Sembrerà scontata oggi una reazione del genere ad una crisi energetica e industriale senza precedenti, ma in realtà stiamo parlando di comparti in cui gran parte delle risorse impiegate dagli Stati fino a quel momento erano sopratutto per finalità belliche e, in generale, di "sicurezza nazionale".

E sembrerà assurdo che se ne stia parlando anche oggi, in un periodo storico in cui un'influenza polmonare per la quale, al momento in cui scrivo, non c'è ancora un vaccino, un farmaco specifico o una cura di massa, sta mettendo in ginocchio il Paese (il più lento del pianeta a riprendersi dalla crisi del 2008), in termini di "rivoluzione": chiaro segno che all'epoca qualcosa sia andato storto e che la vecchia economia basata sul greggio, il mattone, le automobili, l'acciao e i relativi indotti abbia ripreso a dettare le regole poco dopo il riassorbimento degli shock.

In realtà, come anticipato, le nuove sfide dettate dalle crisi ricevettero risposte molto diverse sul piano globale.
In Occidente, dove gran parte dell'attenzione era concentrata nella lotta all'inflazione e al carovita, non si riuscì a far ripartire la produzione e a tutelare i posti di lavoro innescando una nuova fase economica espansiva.
Dove le tutele dell'occupazione erano elevate, anzi, queste diventarono il pretesto ideologico per dirottare ingenti somme pubbliche, grazie a politiche di brevissimo periodo spesso edulcorate col nobile intento di stimolare l'iniziativa

privata, verso comparti ed organizzazioni industriali ormai improduttive o caratterizzate da un eccesso dell'offerta sulla domanda, a discapito di innovazione, formazione, ricerca e sviluppo e, in generale, di politiche di ampio respiro e di lungo periodo in grado di cavalcare e gestire la trasformazione socio-economica in atto e gettare le basi per creare delle opportunità alle future generazioni.

In Oriente, invece, il Giappone, seguito a ruota da diversi Paesi del Sud-Est asiatico, avviò una rapida trasformazione industriale a favore della produzione dei beni ad alto contenuto tecnologico, una serie di riforme economiche che passarono da una fase depressiva ad una espansiva (soprattutto in termini occupazionali) nell'arco di pochissimi anni e una riorganizzazione delle imprese in modo tale da aumentare tantissimo il grado di efficienza della propria industria e trasformare la sua economia in una sorprendente macchina dell'export.
Quel Giappone rimane l'unico esempio di grande potenza mondiale riuscita a innovare e trasformare la propria industria, riassorbire (quasi) tutta la disoccupazione creata durante tale fase e avvantaggiarsi della svalutazione della propria valuta senza deprimere eccessivamente il potere d'acquisto della popolazione ed impedire una sufficiente ridistribuzione della ricchezza tra un'importante quota di essa (sono gli anni in cui milioni di cittadini nipponici si riversavano in massa a visitare i Paesi con valute molto più forti della loro).
Le stesse ricette nel Giappone odierno in questi ultimi anni non hanno prodotto nulla di tutto ciò e i Paesi orientali in forte espansione economica, pur adottando politiche molto simili, non possono considerarsi esempi di quanto esse possano risultare efficaci in ogni tempo, soprattutto considerando la ridistribuzione della ricchezza prodotta e l'ambiguo concetto di democrazia adottata al loro interno.

Nonostante il riassorbimento degli shock petroliferi, queste diverse strade intraprese a livello mondiale, unite all'introduzione di varie forme di protezionismo all'interno dei Paesi a vecchia industrializzazione e al contemporaneo abbandono delle teorie keynesiane e dello stato sociale in virtù di quel liberismo di cui si fecero principali promotori Ronald Reagan e Margareth Tatcher, senza dimenticare la globalizzazione del mondo finanziario partita proprio durante le due crisi, gettarono le basi per una ripresa squilibrata e poco governabile, i cui controversi risvolti ancora oggi caratterizzano l'economia nazionale e l'intero sistema del commercio e della cooperazione internazionale.

Con la fine delle politiche di solidarietà in campo internazionale, volsero a termine anche i dialoghi tra imprenditori e sindacati in Italia.
Subentrarono, infatti, duri scontri tra le parti, che videro la sconfitta del sindacato.

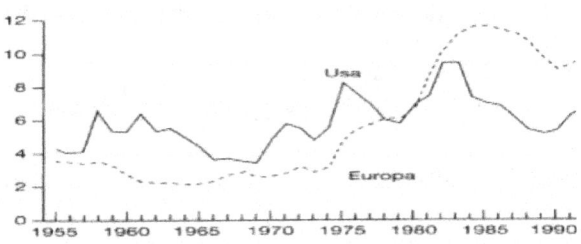

Andamento dei tassi di disoccupazione in USA e Europa (OCSE)

2.7.5 La lotta armata

Lo scenario politico italiano negli anni Settanta è caratterizzato per un quinquennio da governi cosidetti di centrosinistra (DC+PSI) instabili e litigiosi sulle soluzioni da adottare per fronteggiare la crisi, dalla ricerca del "compromesso storico" tra i partiti di tradizione socialista, comunista e cattolica (idea del segretario del PCI Enrico Berlinguer che dopo il successo elettorale del partito alle elezioni del 1976 sembrava potersi realizzare), un governo di un solo partito, la DC, presieduto da Giulio Andreotti, seguito da quello di solidarietà nazionale dopo l'assassinio del presidente della DC Aldo Moro per mano delle Brigate Rosse e, con la fine di questo nel 1978, e da altri governi (molto instabili) DC+PSI.

La cronaca del decennio, oltre che dalla crisi economica internazionale scaturita da quella petrolifera e dalle alleanze sempre più instabili e frutto spesso di compromessi che andavano molto al di là del solo ambito parlamentare tra democristiani e socialisti, fu pervasa dalla "lotta armata".

Questo fu, infatti, anche il decennio del terrorismo, sommariamente suddivisibile in due diverse tipologie.

Da un lato, il terrorismo nero, di matrice dichiaratamente fascista, che insanguinò il Paese con una serie di attentati che colpirono indiscriminatamente i cittadini mirando a condizionare le loro libertà fondamentali, godendo spesso del lavoro di depistaggio svolto addirittura all'interno di quelle istituzioni che avrebbero dovuto perseguire i responsabili.

Con la strage di Piazza Fontana del 12 dicembre 1969, dove gli inquirenti dirottarono inizialmente le responsabilità verso altri, quella di Piazza della Loggia del 28 maggio 1974, la bomba sul treno Italicus del 4 agosto 1974, l'ordigno alla stazione di Bologna del 1980, la strage più grave d'Europa, l'attacco alla libera espressione mediante il voto elettorale, alle istituzioni democratiche e alle conquiste dei lavoratori risultò esageratamente lampante e cruento.

Colpisce che molti degli ideatori e degli esecutori materiali di quegli attentati siano potuti circolare (quasi) liberamente per decenni e decenni, anche se ufficialmente ricercati, godendo dell'aiuto di frange oscure all'interno di quell'apparato dello Stato che si sarebbe dovuto occupare della loro cattura e che alcuni abbiano potuto anche entrare a far parte, direttamente o per vie traverse, dell'apparato economico e politico.

Dall'altro, il terrorismo rosso, sorto nella prima metà del decennio con riferimenti più o meno espliciti ai tedeschi della RAF[26] e ai Weather Underground.

---

[26] fondata il 14 maggio 1970 da Andreas Baader, Ulrike Meinhof, Gudrun Ensslin e Horst Mahler, la Rote Armee Fraktion fu responsabile di numerose operazioni terroristiche, soprattutto nell'autunno del 1977, che portarono a una crisi nazionale conosciuta con il nome di "autunno tedesco"

Le circa 130 cellule presenti in Italia, delle quali si ricordano soprattutto le Brigate Rosse e i Nuclei Armati Proletari, per quanto molto diverse tra loro, dichiararono di praticare la lotta armata per colpire lo Stato e la classe dirigente borghese con il fine di innescare un sollevamento del proletariato e un moto rivoluzionario che lo liberasse dall'oppressione capitalista.

Una dichiarazione d'intenti che valse loro, almeno fino all'assassinio di Moro, complice il senso di frustrazione e di impotenza che affliggeva sempre più i lavoratori, anche un'apatica simpatia in quel mondo operaio dove tutte le certezze conquistate pochi anni prima scricchiolavano sotto il peso della crisi internazionale e l'ondata di liberismo che stavano stravolgendo l'occidente.

Il loro modo d'agire era da vere e proprie bande armate e, oltre al presidente Moro, furono tante le vittime[27] del loro spietato operato.

---

[27] nell'inchiesta *La notte della Repubblica* il giornalista Sergio Zavoli affermò che dal 1974 al 1988 le Brigate Rosse hanno rivendicato 86 omicidi, in gran parte agenti della Polizia di Stato e dell'Arma dei Carabinieri, dirigenti d'industria e anche magistrati e uomini politici.

2.8 Gli anni Ottanta: la condanna delle future generazioni

Gli anni Ottanta si caratterizzano per una vera e propria esplosione del debito pubblico, che salirà dal 60% registrato a fine anni '70 al 100% del Pil alla fine del decennio.

È questo il periodo in cui si viene a formare, per tutta una serie di concause di natura internazionale amplificate da una "spensierata" gestione finanziaria del Paese da parte della classe politica nostrana, quello stock di debito che è fonte di grandi preoccupazioni ancora (e soprattutto) oggi e che condiziona fortemente le scelte politiche dei nostri governi.

La seconda metà degli anni Settanta si era contraddistinta per una corsa dell'indebitamento dello Stato, che già agli albori degli anni '80 aveva spinto il rapporto deficit/Pil al 65%, quasi 20 punti in più rispetto al 1975 e cinque sugli ultimi mesi del decennio.

L'Italia era entrata nel Sistema Monetario Europeo (1979), accordo per il mantenimento della parità di cambio prefissata tra il ± 2,25%, ma che per il nostro Paese, la Spagna, la Gran Bretagna e il Portogallo arrivava al ± 6%. L'abbandono della parità con il dollaro deciso unilateralmente dagli Usa agli inizi dei '70 aveva messo in moto una guerra sui cambi che, con l'intero occidente stretto nella morsa della crisi petrolifera, divorava quotidianamente potere d'acquisto, valore degli investimenti e posti di lavoro, oltre che rievocare scenari anteguerra: si era reso dunque necessario fissare un range per i tassi di cambio, lasciando tuttavia più ampi margini ai Paesi maggiormente frenati nell'export o che potessero riprendersi passando inizialmente dal miglioramento di questa importante voce della bilancia commerciale.

Gli Usa spingono ancor più esplicitamente per un abbandono delle politiche keynesiane e l'adozione di una linea più liberista, orientamento condiviso anche su scala mondiale. Negli Stati Uniti e nel Regno Unito si assiste ad un'impennata del tasso di disoccupazione senza precedenti e all'annientamento, o quasi, di ogni tipo di ammortizzatore sociale.

La svolta liberista, che coinvolge, attraverso lo SME, tutte le banche centrali europee, si traduce (1981) nel "divorzio" tra la Banca d'Italia e il Tesoro e nell'adozione di una politica monetaria più restrittiva da parte della prima che, venuto meno il finanziamento automatico del debito da parte delle banche centrali, finirà per aggravare ancor più le condizioni economiche dello Stato, già compromesse dal doppio shock petrolifero e, quindi, dall'aumento vertiginoso dei prezzi del petrolio..
Il tutto condito da un contrasto politico tra i principali partiti e da un'ingovernabilità del Paese, già cronica

all'epoca, che non lasciano intravedere alcuna capacità di reagire per via legislativa al mutato quadro economico globale.

Agli occhi del mondo l'Italia, "salvata dalla deriva comunista" pochi anni prima grazie ai finanziamenti del FMI, è ormai una nazione destinata a fallire sotto il peso della speculazione internazionale.

La difesa della lira, con l'impennata dei tassi d'interesse che ne consegue, e la copertura del debito esclusivamente attraverso il disavanzo mettono a durissima prova una popolazione che appena poco più di dieci anni prima aveva vissuto finalmente una fase di benessere e che ora vede bruciare quotidianamente il proprio potere d'acquisto e deteriorarsi lo scenario presente e, soprattutto, futuro.

Compito imminente dei governi diventa quello di intervenire sulla finanza pubblica attraverso un maggior controllo dei centri di spesa, anche perchè già nel 1984 gli interessi sul debito (10% circa quelli sui BoT) arrivano ormai a pesare sulla spesa pubblica per il 24% circa, più della percentuale destinata alla copertura del costo del personale dello Stato, raggiungendo l'11% del Pil (contro una media europea del 4,5%).

Quasi il 70% dei BoT e dei CcT in circolazione, a seguito della separazione tra Bankitalia e Stato e dell'impennata dei tassi di remunerazione del debito pubblico, sono in mano a famiglie e imprese.

Qualche significativo aggiustamento si comincia a intravedere nel 1986, grazie ad un miglioramento della congiuntura economica internazionale e ad un contenimento dell'inflazione entro soglie più tollerabili.

Ma di conseguente discesa dei tassi di interesse nemmeno a parlarne, anzi si registra un trend decisamente contrario, con il dato che allunga fino al 12%.

La crescita del PIL, in altre parole, non viene adoperata per calmierare il debito pubblico, complice una spesa corrente poco disciplinata (siamo negli anni dell'edonismo italiano) e un sistema fiscale risibile, che consente fenomeni di evasione di proporzioni spaventose.

Il debito sovrano continua a crescere del 15-20% annuo e proprio nel 1986 arriva a quotare il 90% del PIL.

La seconda metà del decennio vede al centro degli interventi pubblici una necessaria ristrutturazione dei titoli di Stato, sia in fatto di allungamento della loro vita media, sia per i tentativi di riequilibrare i tassi di interesse tenendo conto della situazione economica e dell'inflazione, e sul finire degli anni Ottanta, anche per il successo sui mercati finanziari delle adesioni alle emissioni nostrane, la situazione mostra un lieve miglioramento.

Il contenimento dei tassi, seppure ancora alti su scala mondiale, allontana però progressivamente le famiglie dal debito: le sottoscrizioni di titoli di Stato di esse passa al 54% dal 67% della prima metà del decennio.

Margaret Thatcher e Ronald Reagan (huffingtonpost.it)

2.8.1 Mutano gli scacchieri internazionali e nazionali

Nel 1980 gli Stati Uniti impongono l'embargo totale nei confronti dell'Iran, proclamatosi stato islamico, Ronald Reagan vince le elezioni presidenziali e in Jugoslavia muore il maresciallo Tito.
Presidente in carica dal 1953, Josip Broz Tito, che aveva combattuto le forze dell'Asse durante la seconda guerra mondiale con il supporto degli Alleati e nel 1948 rotto con l'Unione Sovietca, aveva trasformato il Paese in uno stato federale, ma senza entrare a far parte di nessuno dei due gruppi protagonisti della guerra fredda, instaurando un regime comunista sui generis, con grandi difformità dal comunismo sovietico, sia in campo economico, che riguardo ai rapporti con le autorità religiose.

In Polonia il sindacato indipendente Solidarność, guidato da Lech Wałęsa, proclama una serie di scioperi nei cantieri navali di Danzica, che ben presto si estendono a tutto il Paese, mentre in medio-oriente l'Iraq invade l'Iran e inizia quella Guerra Aperta che si protrarrà fino al 1988 e durante la quale godrà dell'appoggio degli USA (che poi le dichiareranno guerra per l'invasione del Kuwait).

In Italia il 27 giugno uno dei grandi misteri irrisolti della storia repubblicana, la strage di Ustica.

Si tratta del DC9 Itavia partito intorno alle 20 da Bologna e diretto a Palermo del quale si perdono le tracce in prossimità dell'isola di Ustica e nella cui esplosione perdono la vita 81 persone (di cui 13 bambini).

E alle 10,25 del 2 agosto 1980 la più grande strage d'Europa: una bomba di matrice terroristica esplode nella stazione di Bologna, uccidendo 85 persone e ferendone 218.

È lo stile stragista dei gruppi di estrema destra, ma vi sono anche tentativi per depistare le indagini organizzati da parte dei vertici del SISMI, tra i quali il generale Pietro Musumeci e il colonnello Giuseppe Belmonte (entrambi affiliati alla loggia P2 di Licio Gelli).

Il 2 agosto è anche il giorno in cui partono i giochi olimpici di Mosca.

Gli USA boicottano le olimpiadi in Russia a seguito dell'invasione dell'Afghanistan da parte dell'esercito sovietico del dicembre 1979, chiedendo di aderire alla loro iniziativa tutti gli altri alleati.

I Paesi aderenti al boicottaggio furono 65, altri 17 non parteciparono per diverse motivazioni, mentre molti Stati europei permisero agli atleti di partecipare ma senza il vessillo nazionale (o militare, come per molti degli atleti italiani[28]) e senza sfilare durante la cerimonia di apertura.

Il 23 novembre, poco dopo le 19,30, una scossa di magnitudo 6,9 (pari al decimo grado della scala Mercalli)

---

[28] Pietro Mennea, Ezio Gamba, Sara Simeoni e Maurizio Damilano vinceranno la medaglia d'oro, rispettivamente, nei 200m, nel judo, nel salto in alto e nella 20km di marcia. Gli azzurri del basket perderanno la finale contro la Jugoslavia dopo aver battuto l'URSS in semifinale.

sconvolge l'area appenninica meridionale tra la Campania e la Basilicata.

Novanta interminabili secondi che radono al suolo interi paesi dell'Irpinia, recando morte e distruzione per un'area di quasi 20mila chilometri quadrati compresa tra le province di Avellino, Potenza e Salerno e danni sino alla Puglia, la Calabria, il Molise e il basso Lazio.

L'evento sismico, con 3.000 morti, oltre 10.000 feriti e quasi 300.000 senzatetto, è di portata straordinaria, tanto che viene avvertito in tutta la penisola, Lombardia e isole escluse: per l'istituto di sismologia di Belgrado, dall'epicentro, individuato tra i comuni irpini di Teora, Castelnuovo di Conza e Conza della Campania, s'era sprigionata una potenza pari a 35 milioni di tonnellate di esplosivo.

Uno scenario apocalittico che resta inizialmente ignoto alle prime notizie riportate dai tg, che parlano genericamente di una scossa di terremoto in Campania, anche per via dei collegamenti interrotti con le zone colpite, e che nei giorni a seguire metterà a nudo per l'ennesima volta il distacco sempre più profondo raggiunto tra il mondo politico, le istituzioni centrali e il Paese e la gravità rappresentata dall'assenza di un piano d'emergenza nazionale per eventi tellurici (e non solo) nonostante le caratteristiche del territorio e la frequenza di tragedie legate ad eventi naturali (specie in quell'area del territorio e in tante altre lungo la dorsale appenninica).

Il 30 marzo 1981 a Washington, dove si trovava per un discorso, Ronald Reagan subisce un attentato.
A sparare al presidente USA è il venticinquenne John Hinckley Jr, pare per attirare l'attenzione dell'attrice Jodie Foster di cui s'era infatuato.

Reagan, ferito gravemente da uno dei sette colpi esplosi dall'attentatore, sarà dichiarato fuori pericolo dopo una lunga operazione chirurgica.

Il 13 maggio 1981 Papa Giovanni Paolo II viene gravemente ferito in piazza San Pietro.
L'attentatore è il turco Mehmet Ali Ağca, militante del gruppo di estrema destra dei Lupi Grigi[29], che verrà successivamente condannato all'ergastolo, ma le cause dell'attentato rimarranno a lungo oggetto di inchiesta giudiziaria e giornalistica.

Nello stesso anno Israele occupa le alture siriane del Golan, annettendole unilateralmente al proprio territorio e sotto la propria amministrazione (non riconosciuta dall'ONU).

In Italia scoppia lo scandalo della loggia massonica segreta P2 di Licio Gelli, che tra le tante turbolenze che comportò nel Paese si ricorda anche la caduta del governo Forlani.
La P2 (Propaganda due) era una loggia massonica aderente al Grande Oriente d'Italia fondata nel 1877 con il nome di Propaganda massonica e ricostituita con la nuova ridenominazione alla fine della seconda guerra mondiale.
Nel periodo in cui fu guidata dall'imprenditore Licio Gelli, schierato sia con il fascismo, combattendo come volontario nella guerra civile spagnola e facendo poi da agente di collegamento con i nazisti durante l'occupazione della Jugoslavia, sia con l'antifascismo, aiutando i partigiani

---

[29] i Lupi Grigi costituivano il movimento giovanile e paramilitare del Partito del Movimento Nazionalista (MHP) che negli anni settanta si rese protagonista di un'ondata di violenze che provocarono oltre 5.000 morti in Turchia, con 20-30 assassinii al giorno di attivisti di sinistra e liberali, intellettuali, curdi, funzionari e giornalisti. Negli anni ottanta si sono ramificati nelle comunità di emigrazione turca in Germania, in Austria, in Svizzera e nei Paesi Bassi e sul finire degli anni novanta il movimento si è spostato su posizioni più moderate appoggiando fortemente Erdoğan.

nella fuga dal carcere delle Ville Sbertoli, assunse forme deviate ed eversive rispetto agli statuti della massoneria e all'ordinamento giuridico italiano.

La P2 era stata sospesa dal Grande Oriente d'Italia il 26 luglio 1976 (per i collegamenti tra i vertici e i clan dei marsigliesi) e continuava ad esistere come gruppo semiclandestino gestito direttamente da Gelli.

Le finalità, i tentativi di penetrare e condizionare nelle forme più oscure e distanti anni luce dal mondo della massoneria tradizionale tutti i settori della vita politica, economica e sociale italiana e il senso golpista assunto dall'organizzazione resero necessaria l'istituzione di una Commissione parlamentare di inchiesta.

Questa, presieduta dal ministro Tina Anselmi, concluse il caso P2 denunciando la loggia come una vera e propria organizzazione criminale ed eversiva.

Essa fu sciolta da parte del governo Spadolini con la Legge n. 17 del 25 gennaio 1982, ma nella mentalità collettiva rimase ben radicata l'idea di una forte connessione tra alcuni settori della classe politica, il mondo degli eversivi di Destra e la malavita organizzata e che il livello di corruzione in seno agli apparati dello Stato fosse ormai arrivato ad un livello intollerabile.

Le elezioni anticipate dell'83 videro infatti il declino di tutti i principali partiti storici, compreso il PSI che sembrava, grazie alle reti tessute dal segretario Bettino Craxi, quello più attivo nel cavalcare le dinamiche liberiste dominanti: situazione che spinse alla necessità di ritornare ad un'ampia coalizione di governo, il cosiddetto Pentapartito, formato da DC, PSI, PRI, PSDI e Partito Liberale, presieduto proprio da Bettino Craxi.

La perdita della Presidenza del Consiglio da parte della DC prima a favore del repubblicano Spadolini e poi del socialista Craxi costrinse il partito ad un deciso processo di rinnovamento interno, guidato dal segretario Ciriaco de Mita.

Anche il PCI necessitava di una profonda revisione ideologica e di elaborare una nuova piattaforma politica, soprattutto alla luce dei grandi cambiamenti in atto sulla scena mondiale, della parziale deindustrializzazione del Paese e del completamento di quel processo di allontanamento dal mondo oltre cortina avviato dal segretario Berlinguer e non unanimamente condiviso da tutte le correnti interne al partito.

Le trasformazioni in atto travolsero anche il mondo sindacale.

Dagli inizi del decennio le grandi aziende, la FIAT su tutte, nonostante le numerose ore di sciopero degli operai, riuscirono ad imporre una pesante riduzione della manodopera al fine di razionalizzare la produttività.

In pochi anni lo scenario dominante divenne quello di continuo ricorso alla cassa integrazione, prepensionamenti, incremento della disoccupazione, fallimento di interi indotti sorti intorno alle grosse industrie e impennata dell'assistenzialismo accompagnata dall'introduzione un orientamento liberista che si tradusse, spesso, nella cessione di importanti asset pubblici nelle mani di privati che più che saper fare impresa erano abili a muoversi nel sottobosco della politica e nell'abbandono di intere aree del Paese alla mercè di quel mondo criminale che sapeva far economia grazie all'aumento di nuovi poveri.

Nonostante rimasero gli interlocutori del governo in materia di politica economica, i sindacati persero notevole consenso e non sempre riuscirono a difendere le conquiste ottenute negli Anni '70.

Gli anni 80, in altri termini, videro l'avvio del declino dei due principali strumenti di partecipazione alla vita politica ed economica dei cittadini e dei lavoratori.

Un declino che forse oggi sta producendo il maggior riscontro in termini di confusione e disagio sociale.

Nel 1982 muore il leader dell'Unione Sovietica Leonid Breznev, al quale successe Jurij Andropov, ex capo del KGB, mentre Israele invade il Libano e il leader palestinese dell'Olp Arafat e tutto il direttivo sono costretti a fuggire a Tunisi.

In Libano inizia quella guerra civile che farà di Beirut una pagina fissa della cronaca quotidiana per lunghi anni.

L'Argentina invia il proprio esercito a occupare le isole Falkland[30], territorio britannico che Buenos Aires rivendica da anni.

Il Regno Unito reagisce militarmente e dopo una una guerra durata due mesi e mezzo riconquista la sovranità delle isole.

Una sconfitta che provocherà la crisi di consenso e poi la caduta della dittatura argentina, aprendo la strada a libere elezioni.

Nel 1983, anno in cui Bettino Craxi diventa presidente del Consiglio in Italia, la tory Margaret Thatcher, sulla scia della vittoria della guerra delle Falkland, viene rieletta Primo ministro del Regno Unito.

E il 1983 è anche l'anno in cui Cipro del Nord, già Repubblica Turca di Cipro del Nord, dichiara la propria

---

[30] La guerra delle Falkland, che riguardò le isole Falkland, quelle della Georgia del Sud e le isole Sandwich Australi, è stata la più recente operazione militare intrapresa dal Regno Unito senza il coinvolgimento di alleati al suo fianco. I combattimenti furono talmente intensi che il numero di morti per giorno risultò superiore a quello della seconda guerra mondiale.

indipendenza, riconosciuta solo dalla Turchia e non dalla comunità internazionale.
Si tratta della parte settentrionale dell'isola, appartenente di diritto alla Repubblica di Cipro ma dal 1974 occupata e controllata dall'esercito turco dopo l'invasione della stessa.

In Italia prosegue la serie dei casi insoluti: il 7 maggio a Roma scompare Mirella Gregori, una studentessa quindicenne, e il 22 giugno, sempre nella capitale, scompare anche Emanuela Orlandi, quindicenne cittadina vaticana, il cui caso viene collegato sia alla scomparsa della sua coetanea Mirella Gregori, sia all'attentato al papa avvenuto due anni prima. Tesi, entrambe, particolarmente in voga ancora oggi e al centro di periodici scoop televisivi destinati alla programmazione pomeridiana delle principali reti.

E non si appresta a spegnersi il focolaio in Libano[31]: il 23 ottobre, in un due attentati suicidi contro le forze di pace, periscono 300 soldati statunitensi e francesi e 6 civili.
La "Svizzera del medio oriente", abbiamo anticipato, sarà protagonista della cronaca per diversi anni e "ultime notizie da Beirut" una pagina fissa dei TG nazionali.

L'anno successivo Reagan viene rieletto alla Casa Bianca.

A Padova, stroncato da un ictus durante un comizio, muore il segretario del Pci Enrico Berlinguer.

In India viene ucciso il Primo ministro Indira Gandhi, al quale succede il figlio.

---

[31] la guerra civile in LIbano, che ha visto coinvolti numerosi contendenti e diverse cause e concause, interne ed esterne, è stata combattuta tra il 1975 ed il 1990.

In Argentina si tengono le prime elezioni libere dopo quasi sei anni di dittatura militare e il nuovo presidente Raúl Alfonsín[32] promette la condanna dei militari rei di aver violato i diritti umani.

Il processo della svolta liberista e dell'abbandono dell'economia e del welfare da parte dello stato intrapreso dalla Thatcher accelera in maniera esponenziale e nel Regno Unito si assiste ad uno degli scioperi più lunghi della storia, quello dei minatori inglesi contro la chiusura di venti giacimenti carboniferi, che, partito nel marzo 1984, si protrarrà fino allo stesso mese dell'anno successivo. Ma il processo di finanziarizzazione del Paese e del "capitalismo sociale" portato avanti con estremo rigore dal premier britannico ("thatcherismo") non mostrerà particolari tentennamenti.

A seguito del doppio attentato dell'ottobre dell'anno precedente, le forze di pace internazionali lasciano il Libano, abbandonando il paese in quella che era sotto gli occhi di tutti un'inarrestabile guerra civile.

L'Unione Sovietica e i suoi paesi satelliti boicottano per protesta le Olimpiadi di Los Angeles: una reazione attesa e che vide la sola eccezione della Romania, che partecipa regolarmente a tutte le competizioni rinunciando soltanto al torneo di calcio, nonostante la qualificazione ottenuta sul campo, collocandosi al secondo posto nel medagliere, alle

---

[32] Appena eletto il radicale Alfonsin si mosse subito alla ricerca della verità sui desaparecidos, attuando e promuovendo la Comision Nacional sobre la Desaparecion de Personas (CONADEP), portando in tribunale i membri della Giunta e controllando i membri dell'esercito per evitare altri tentativi golpisti. Circa diecimila oppositori erano stati trucidati durante il regime militare dimessosi dopo la sconfitta delle Falkland. I membri del direttorio militare responsabili delle repressioni, fieri sostenitori della P2 italiana, furono condannati all'ergastolo.

spalle degli USA, con 53 medaglie, di cui 20 ori.
La Repubblica Popolare Cinese, assente dal 1948, fu
autrice di un grande ritorno, portando a casa 32 medaglie,
di cui 15 ori.

Nel 1985 scompare il presidente Sandro Pertini.

È l'anno di Michail Gorbaciov, eletto segretario generale
del Partito Comunista dell'Unione Sovietica.
Si incontrerà a Ginevra con Ronald Reagan per la riduzione
degli armamenti.

L'anno dopo, mentre il leader sovietico avvia la
perestrojka, il 26 aprile esplode un reattore nucleare a
Chernobyl e la terribile nube radioattiva che ne deriva
copre l'Europa.

L'Irangate[33] scuote la presidenza Reagan e la tensione tra
USA e Libia porta a uno scontro aereo nel Golfo della Sirte,
a seguito del quale gli americani bombardano Tripoli.

Arriva il 1987 e la Lady di ferro Margaret Thatcher viene
eletta per la terza volta primo ministro.
Reagan e Gorbaciov, sempre a Ginevra, siglano lo storico
trattato sulla distruzione dei missili balistici Icbm e Cruise
e la riduzione delle armi nucleari.

---

[33] fu uno scandalo politico che tra il 1985 e il 1986 coinvolse alti funzionari e
militari dell'amministrazione Reagan, accusati dell'organizzazione di un traffico
illegale di armi con l'Iran, su cui vigeva l'embargo.
Attività che aveva lo scopo di facilitare il rilascio di sette ostaggi statunitensi nelle
mani dell'organizzazione islamista libanese Hezbollah, storicamente legata
all'Iran, in Libano, e di servirsi del ricavato per finanziare clandestinamente i
Contras contro i sandinisti nella guerra civile in Nicaragua.

È il tempo della glasnost[34], che l'anno successivo porta anche al ritiro, dopo otto anni di conflitto, dall'Afghanistan.

Il 41esimo presidente USA diventa George Bush e in Italia muore Giorgio Almirante.

Nel 1989 si svolgono i fatti di sangue di Tienanmen, a Pechino, che confermano l'aria di regime che ancora si respira in Cina, da lì a poco nuova frontiera del capitalismo occidentale.

Nello stesso anno crolla il Muro di Berlino: è l'inizio di una nuova era, segnata dalla progressiva (e rapida) dissoluzione dell'impero sovietico.

(da repubblica.it)

---

[34] termine (tradotto come "pubblicità" o "trasparenza") utilizzato da Michail Gorbačëv, a partire dal 1986 per individuare una nuova attitudine a non celare le difficoltà, a discuterne liberamente in modo trasparente e criticamente. Gorbačëv, introducendo la trasparenza nel dibattito politico e allargando le maglie della censura nella società civile in URSS ambiva anche a mettere in difficoltà i conservatori che si trovavano nel Pcus che contrastavano la sua politica di riforma, la perestrojka.

2.9 Dal 1990 ai giorni nostri: virtuosismi, stabilità, fiducia e recessione

Agli inizi dell'ultimo decennio del secolo scorso la situazione delle finanze pubbliche italiane è seriamente compromessa.

La spesa pubblica viaggia a ritmi superiori a quelli di Germania (+1,4%) e Regno Unito (+4,3%), il disavanzo totale raggiunge l'11% e il rapporto debito/Pil è pari all'unità.

Proprio dal 1990, sulla base dei vincoli sul debito concordati in chiave europea, il Paese imbocca la via del risanamento.

I governi Amato (1992) e Ciampi (1993) pongono come obiettivo primario del loro programma proprio il riequilibrio finanziario delle casse dello Stato e grazie anche alle manovre decretate dai loro esecutivi, che all'epoca furono prontamente ribattezzate come "maxistangate", il Tesoro registra consistenti avanzi primari, soprattutto dal 1997 al 2000, il cui effetto viene però sterilizzato dall'elevata spesa per interessi.

Il continuo disavanzo commerciale, l'inflazione e il rischio Paese che negli anni 80 avevano toccato picchi assurdi costringono infatti l'Italia a concedere rendimenti nominali sui prestiti contratti all'estero più del doppio rispetto alla media Ue, maggiorati, inoltre, del rischio svalutazione, sia per scelte di governo, sia per gli attacchi speculativi sulla lira conseguenti alla scarsa credibilità del sistema Italia in campo internazionale dovuta all'instabilità politica interna. Un'autoespansione del debito frenatasi soltanto con l'avvento dell'euro ma ripartita con veemenza con lo scoppio della crisi dei subprime (2008), che ha reso fin troppo palese come la crisi del debito sovrano italiano sia talmente più cronica di quella delle altre principali economie mondiali da impedire al Paese, incapace di ragionare in termini diversi da debito, interessi su interessi e svalutazioni a catena, di reagire alla recessione globale.

Bisogna dire, però, che con il **Trattato di Maastricht** del 1992 cominciò una collaborazione e una cooperazione tra gli stati membri dell'Unione Europea che rese possibile l'attuazione di politiche economiche fiscali e monetarie in grado di permettere il raggiungimento degli obiettivi fissati dalla Comunità Europea con il fine di instaurare rapporti stabili in un'Europa che si dimostrasse in grado di accogliere una moneta comune.
Collaborazione che portò il primo gennaio 1999 all'introduzione della moneta unica, l'euro, capace di fa confluire un gran numero di Stati membri nel nuovo sistema europeo.

Con l'adesione al nuovo programma europeo, gli Stati avrebbero dovuto rispettare due fondamentali parametri, fissati dall'articolo 104c del trattato di Maastricht, vale a dire la vigilanza da parte della Commissione europea sui conti dei bilanci pubblici e sull'evoluzione del debito.

Il Trattato, infatti, all'articolo 1 fissava che il rapporto tra disavanzo pubblico e prodotto interno lordo ai prezzi di mercato si mantenesse entro il 3% e che il rapporto debito pubblico/PIL non sforasse il 60%.

Inoltre, agli Stati era imposto di non superare il tasso di inflazione dell'1,5%, tenuto conto della media dei tre Stati più virtuosi, e che rispettassero i meccanismi del Sistema monetario europeo circa i tassi di cambio, senza che vi fossero svalutazioni della moneta.

Il Trattato fissava anche alcuni dei principi alla base della nascita della Banca Centrale Europea, oltre alla *no bail-out clause*, affinché uno Stato in difficoltà finanziarie non contagiasse negativamente un altro Stato intenzionato a salvarlo.

Nel 1997, al fine di rafforzare il processo di integrazione monetaria avviato con il trattato sull'Unione nel 1992, in occasione del **Trattato di Amsterdam**, i Paesi membri stipularono il **Patto di Stabilità e Crescita**.

Un accordo frequentemente attaccato da più fronti: da keynesiani, socialdemocratici e tanti appartenenti alle aree storicamente centriste e di sinistra, perché non promuoverebbe né stabilità e né crescita, e dai rigorsisti, liberisti e i cosiddetti "falchi" sooprattutto per l'evidenza empirica che a carico di chi lo ha violato non sono state applicate sul serio le sanzioni stabilite dallo stesso.

L'euro, che inizialmente riguardava esclusivamente forme di pagamento non fisiche, dal primo gennaio 2002 entrò in circolazione sotto forma di monete e banconote e ad oggi è adottato da 19 dei 28 Stati membri dell'Unione Europea.

Con le nuove normative europee in materia di politiche monetarie e fiscali, l'Italia faceva leva sulla stabilizzazione dei cambi e sulla riduzione dei tassi d'interesse affinché la spesa pubblica rimanesse costante e quindi si registrasse una progressiva diminuzione del debito pubblico.
Il Paese era chiamato ad una svolta per migliorare i propri conti pubblici ed essere accettato all'interno di questo nuovo sistema europeo.

2.9.1 Le riforme dopo Maastricht

Nel febbraio del 1992 scoppiò lo scandalo di Tangentopoli. Ministri, senatori ed imprenditori finirono sotto accusa di corruzione, concussione e finanziamento illecito.

Per risanare la situazione di crollo di fiducia dentro e fuori i confini nazionali l'allora governo guidato da Giuliano Amato si adoperò rendendo più flessibile ed efficiente la spesa pubblica: gli avanzi primari aumentarono di oltre il 5% e la spesa per interessi diminuì fino al 6%.

Nonostante tali manovre, nel 1994 il rapporto debito/Pil toccò il picco del 122%.

Per reperire le risorse necessarie a ridurre il debito e ottenere nuovi finanziamenti, il governo avviò un processo di trasformazione di banche ed enti pubblici (che si completerà nel 2005) in società per azioni per poi privatizzarle, ottenendo in tal modo entrate pari a 140 miliardi di euro.

Ma per la crisi valutaria del 1992 l'Italia uscì dallo SME e sembrava essere sempre più lontana dai parametri di Maastricht e dall'ingresso nell'Eurozona.

Carlo Azeglio Ciampi, subentrato ad Amato alla guida dell'esecutivo dal 1993, propose delle riforme finalizzate a rafforzare il bilancio statale e l'intero sistema economico.

Il primo passaggio del governo Ciampi fu la limitazione della crescita dei salari con l'obiettivo dichiarato di frenare il continuo lievitare dei costi.

Gli effetti di questa riproposizione delle vecchie gabbie salariali al ribasso fu tangibile già dopo qualche anno: l'inflazione italiana, alle soglie della nascita dell'Eurozona, si attestò all'1,5%, uno dei migliori valori tra tutti i Paesi membri.

Il governo guidato dall'ex governatore di Banca d'Italia e futuro presidente della Repubblica riuscì, inoltre, ad incrementare il prodotto interno lordo del Paese, centrando così i 12 obiettivi necessari per risanare i conti del bilancio pubblico e che avrebbero consentito all'Italia di essere ammessa nell'area euro.

Nel 1995 Lamberto Dini, divenuto presidente del Consiglio dei Ministri dopo le dimissioni di Berlusconi e a capo di un esecutivo composto esclusivamente da ministri e sottosegretari tecnici e non parlamentari e sostenuto da PDS, Lega Nord e Partito Popolare, in linea con le politiche di contenimento della spesa pubblica intraprese dai suoi predecessori per consolidare il rapporto debito/PIL, varò la riforma del sistema pensionistico che porta il suo nome. Una legge ordinaria, faticosamente raggiunta ma sicuramente più digeribile dalle parte sociali rispetto al blocco delle pensioni praticato da Berlusconi l'anno precedente, che fu votata, oltre che dai partiti che sostenevano il governo, anche dai centristi alleati della Casa delle Libertà e alcuni dissidenti di Rifondazione Comunista, e che costituì un'importante riorganizzazione del sistema pensionistico pubblico e privato in Italia, trasformandolo da un sistema di tipo retributivo ad uno improntato su uno schema pensionistico con la formula della rendita predefinita sulla contribuzione e sulla crescita per le pensioni di anzianità e con il metodo di calcolo contributivo a capitalizzazione simulata sulla crescita per quelle di vecchiaia.

Importante durante il periodo Dini, prima come ministro del Tesoro del governo Berlusconi e poi ad interim del suo stesso governo, fu anche l'aumento del gettito fiscale.
Il peso del Fisco in quegli anni si assestò attorno al 43%, tra i più alti d'Europa e sempre più vicino a quello dei Paesi del Nord.

Il debito italiano sembrava orientarsi verso quello degli Stati più virtuosi e il suo successore Romano Prodi tra il 1996 e il 1998, grazie all'adozione di politiche di bilancio molto rigorose, riuscì a far scendere ancora il rapporto debito/PIL e il fabbisogno della pubblica amministrazione così da consentire all'Italia l'ingresso nell'Eurozona.
Cruciale fu l'anno 1996, in cui il disavanzo dello Stato sembrava aver fatto saltare l'ingresso nell'euro e vanificato tutti i sacrifici degli italiani fatti fino ad allora.
Mediante il taglio della spesa pubblica, l'aumento della pressione fiscale e la fondamentale manovra finanziaria di fine anno, alla quale venne incluso con decreto-legge, e con l'apporto del ministro del Tesoro Ciampi, il "Contributo straordinario per l'Europa", meglio conosciuto come "eurotassa", il Governo riuscì a mettere insieme i 4300 miliardi di lire necessari per ridurre il disavanzo dello 0,6% e rimanere allineato ai parametri di Maastricht.
L'anno successivo, con la Riforma Prodi, inoltre, ci fu l'inasprimento dei requisiti d'età per ottenere la pensione di anzianità.
Era il 1997 e l'Italia era nuovamente nello SME e anche all'interno dell'Eurozona.

Per quanto riguarda il mercato del lavoro, uno dei punti principali del programma del governo era il risanamento delle disoccupazione, che volava ampiamente sopra l'11%. Drammatica, inoltre, la situazione per i giovani, soprattutto quelli in cerca di una prima occupazione.

Le diverse novità introdotte dal governo Prodi andarono a formare quel complesso di norme con cui furono regolati l'apprendistato, il lavoro interinale e il tirocinio lavorativo e disciplinati i lavori socialmente utili noto come "pacchetto Treu", dal nome del'allora Ministro del Lavoro, Tiziano Treu, che se ne fece promotore.

Una serie di interventi che, se non fecero incrementare sul serio la domanda di lavoro in pianta stabile, consentirono a giovani e non di poter fare la loro prima esperienza o ricollocarsi nel mondo del lavoro e conseguire competenze lavorative e al governo di ridurre, seppur non come ambito, il dato di disoccupati e inoccupati.

Tirando le somme, i governi che hanno guidato il Paese dopo gli accordi di Maastricht hanno raggiunto significativi miglioramenti in fatto di conti pubblici, riuscendo a risanare la situazione economica.

L'ingresso del ventunesimo secolo fu accompagnato da un clima di grande speranze.

L'adozione della moneta unica, la certezza dell'entità delle spese e degli investimenti di famiglie e imprenditori che la sua stabilità avrebbe consentito, la fiducia nel sistema Paese che i mercati e il mondo concedevano senza riserve ad uno stato che solo pochi anni prima era al collasso facevano intravedere prospettive di crescita e sviluppo ormai dimenticate.

Al governo Prodi nel 2001 fece seguito quello di Silvio

Berlusconi, che si ritrovò, dunque, una situazione di netto migliormaneto rispetto al decennio precedente in fatto di conti pubblici.

Il secondo governo Berlusconi rimase in carica fino al 2005 e ad esso ne seguì un terzo dal 2005 al 2006.

La gestione della cosa pubblica non ebbe tuttavia gli effetti positivi attesi dall'UE e dai mercati: a fronte di una riduzione della pressione fiscale già nel 2003 dello 0,5%, la crescita arretrò della stessa percentuale e il rapporto debito/PIL rimase stabile al 105%.

Nel 2005 la pressione fiscale fu ricondotta al 39,1% dal 40,1% del 2001 e furono deliberate grandi opere pubbliche, l'innalzamento delle soglia minima mensile per le pensioni e una maggiore flessibilità del mercato del lavoro.

A capo del Ministero dell'Economia e delle Finanze in entrambi gli esecutivi, con una parentesi da luglio 2004 a fine governo Berlusconi secondo, Giulio Tremonti, che si fece promotore di una politica economica orientata ad una forma di neoliberismo all'italiana, vale a dire "deregulation" e libero mercato con lo Stato a farsi carico dei problemi causati dalle forze economiche nazionali ed internazionali.

Dopo due mandati di governo a Berlusconi si arrivò a fine legislatura e nelle elezioni del 2006 venne eletto Romano Prodi.

Per la seconda volta Presidente del Consiglio, Prodi chiamò a capo del Ministero di Economia e Finanza l'economista Tommaso Padoa Schioppa, di chiara impronta keynesiana e liberale.

Con la riforma finanziaria del 2007, furono apportati notevoli cambiamenti, soprattutto con la rimodulazione delle aliquote fiscali, allentandole sui redditi più bassi e incrementandole su quelli più alti.

L'anno successivo fu ridotta l'Ici sulla prima casa, introdotto uno sgravio fiscale sugli affitti per i redditi più bassi e aumentato l'assegno di pensione per oltre 3 milioni di pensionati.

Sempre nel 2008 il Senato revocò la fiducia al governo, grazie al voto contrario di Lamberto Dini e di Clemente Mastella, e il Presidente del Consiglio si dimise dall'incarico.

In generale, l'esperienza del secondo governo Prodi, che riuscì a compensare i sacrifici fatti dagli italiani a fine secolo per entrare nell'Eurozona, fu segnata dalla stabilità del rapporto debito pubblico/PIL, che si mantenne poco al di sopra del 100%, grazie soprattutto all'aumento del PIL, che nel nuovo millennio aveva conosciuto una netta battuta d'arresto nel solo 2003.

La pressione fiscale, dal canto suo, era balzata al 41% e il Fisco aveva sorretto la crescita, finanziato direttamente ed indirettamente pensioni e salari e stimolati gli investimenti privati: le aspettative positive su PIL, consumi e benessere sembravano essere avvalorate anche dal successo del moltiplicatore fiscale.

2.9.2 La Grande recessione

La crisi finanziaria che scoppiò nel 2008 con la bancarotta della Lehman Brothers aveva già lanciato forti segnali, purtroppo fin troppo ignorati in ambito nostrano, con lo scoppio di una gigantesca bolla speculativa che aveva le sue origini più profonde nel mercato immobiliare.
Quest'ultimo era divenuto sempre più il vero e proprio punto di riferimento del sistema economico e finanziario, nonostante le poltiche reaganiane, il tatcherismo e, in Italia, il craxismo, il berlusconismo e, per quanto impregnate di correttivi di stampo neokenesiani, le politiche liberali dei governi Dini, Amato, Ciampi e Prodi avessero provato a spostare l'attenzione sull'economia privata e dunque sui valori mobiliari.

In realtà, a vederla a posteriori, c'è poco di paradossale in ciò ed ancora oggi il crollo del mercato degli immobili, unito a quello del prezzo del greggio, sebbene si continui a parlare di frenare la cementificazione dei territori per salvaguardarli e rivalutare il patrimonio storico delle nazioni, per il primo, e, dal doppio shock petrolifero in poi, si sia alimentato, almeno a suon di slogan, un sentiment di tutt'altro segno per quanto riguarda il petrolio, è considerato un importante segnale negativo per l'andamento dell'economia di un Paese e di quella globale. I bassi tassi praticati dalla Federal Reserve negli USA, ai quali si affiancarono gli incentivi statali per l'acquisto e la costruzione delle unità abitative, e la pari politica adottata in Europa con l'adozione della moneta unica, che sancì la nascita di una terza cosiddetta "area valutaria ottimale" dopo quella del dollaro e dello yen, innescarono una feroce corsa alla compra-vendita di case, bene necessario o desiderato per tanti e investimento sicuro per altri, e il conseguente proliferare dei cosidetti mutui subprime, vale a dire mutui resi facilmente accessibili a soggetti ad alto rischio insolvenza.

Si trattava per lo più di mutui ipotecari, per i quali, nel caso in cui il debitore fosse stato dichiarato insolvente, l'istituto che aveva concesso il credito si sarebbe potuto rifare sulla somma ottenuta dalla vendita all'asta dell'immobile in virtù dell'ipoteca di primo grado iscritta sul cespite all'atto del perfezionamento del contratto.

Ma, grazie al valore di mercato che le sempre più frequenti compravendite spingevano progressivamente in alto e alla conseguente sempre più ampia distanza tra esso e quello che, in caso di una battuta d'arresto dell'economia, le banche si sarebbero potuto trovare a recuperare al verificarsi di uno scenario d'insolvenza di massa dei debitori "più tirati", il rischio della tenuta del sistema bancario e, di conseguenza, economico aumentava in modo vertiginoso.

Anche se i bilanci delle stesse banche, aiutati dai fatturati conseguenti all'espansione del mercato dei mutui stessi e dei derivati legati spesso anch'essi alla bolla immobiliare, oltre che da investimenti che facevano perno sulla leva finanziaria, sembravano mietere record su record.

Gli istituti di credito, grazie alla cartolarizzazione dei mutui, un'operazione finanziaria che trova la propria origine nella cessione di crediti, ma che poi si perfeziona attraverso la confezione di titoli basati sui crediti stessi reputati idonei ad essere emessi sul mercato finanziario, riuscivano, in realtà, a distribuire il rischio ad altri investitori privati ed istituzionali, convinti di concludere un investimento redditizio e sicuro, come redditizio e sicuro viene di solito reputato il mutuo ipotecario, figurarsi poi in un mondo (dalla memoria corta) che reputava inarrestabile la febbre immobiliare.

Gran parte di questi titoli, e qui subentra la peculiarità dell'allora mercato delle garanzie del sistema creditizio, era negoziato al di fuori delle principali borse valori, over the counter (OTC), vale a dire su mercati decentralizzati, privi di una sede fisica centrale, dove venditori ed acquirenti scambiano asset attraverso sistemi di trading elettronici, telefono ed email.

Si tratta di mercati utilizzati principalmente per lo scambio di valute, derivati, obbligazioni, titoli strutturati e azionari. Scambio che, in linea di massima, può avvenire tra due controparti senza che altri vengano a conoscenza del prezzo cui s'è conclusa la trattativa, non vigendo gli stessi obblighi di trasparenza previsti per i mercati regolamentati. Una carenza che nel 2008, quando non vi furono più acquirenti per i titoli ipotecari e altri derivati confezionati su di essi per il trasferimento del rischio di credito e la liquidità risultò essersi completamente prosciugata, si rivelò deleteria per l'intero sistema, generandosi quella che sarebbe diventata in brevissimo tempo la più grande crisi di liquidità della storia recente, la cosiddetta crisi dei mutui sub prime, che ha condotto il mondo ad una stretta creditizia senza precedenti.

Ad onor del vero, bisogna dire che negli USA furono prontamente create delle stanze di compensazione, le clearing house, anche per garantire il perfezionamento post vendita delle operazioni over the counter, ma il danno ormai s'era già prodotto e la conseguenza fu che molti istituti di crediti giunsero al collasso, dovendosi così rendere necessario l'intervento della Federal Reserve e del governo. Interventi che riuscirono a tenere a galla l'economia americana non senza drammi (la disoccupazione tornò ai terrificanti livelli dei governi Reagan), ma l'effetto si propagò in tutto il mondo, amplificato da un clima di sfiducia immemore.

D'altra parte, fa specie apprendere che l'intero sistema creditizio e bancario si reggesse sulla vendita in ultima istanza di crediti incagliati e titoli tossici ad imprenditori privati ed istituzioni finanziarie senza la cui partecipazione agli scambi non ci sarebbe stata sufficiente liquidità da iniettare nei circuiti economici.
Che sui mercati over the counter vengano scambiati anche cambi, derivati a cui si fa ricorso con finalità speculative e di copertura, titoli obbligazionari e azionari non deve sorprendere chi non ha un po' di familiarità con il mondo della finanza: i primi due, la cui domanda e offerta è inarrestabile e che quotidianamente generano più della metà della liquidità necessaria al sistema globale, danno luogo a volumi e numeri di scambi talmente elevati e continui da sterilizzare qualsiasi distorsione e necessitano di un sistema di negoziazione necessariamente svincolato da una sede fisica e da limiti orari; gli altri permettono agli emittenti di poter usufruire di un sistema di negoziazione senza sostenere i costi (elevati) richiesti dalle piazze regolamentate, che siano emessi da piccole e medie imprese o da grandi multinazionali già quotate sui listini

ufficiali del Paese loro sede legale.

Ma che le garanzie ultime del mondo del credito, e quindi dell'economia moderna, potessero dipendere da scambi di titoli il cui valore dipendeva esclusivamente dal sentiment positivo eretto su una delle tante bolle immobiliari della storia, su un mercato che non vedeva tra gli attori principali grosse istituzioni bancarie e politiche e anche privo di book di negoziazioni dove poter osservare il numero delle proposte di acquisto e di vendite in un dato istante dovrebbe far riflettere sul perché si arranchi ancora e come gli interventi legislativi apportati d'urgenza oltreoceano a danno fatto non siano stati sufficienti a ridare piena credibilità al sistema.

Ritornando all'Italia, nei bilanci delle banche nostrane non vi erano grandi quantitativi di titoli tossici e la crisi non fu, in prima istanza, condizionata da quella statunitense e mondiale, ma le premesse per non saperla affrontare nel momento in cui si sarebbe affacciata anche qui attraverso i tanti meccanismi di trasmissione economici e finanziari che caratterizzano il sistema c'erano tutte.

Il Paese stava scivolando in una situazione di stagnazione economica per problemi annosi di carattere strutturale quali bassa competitività delle imprese nel mercato globale, esigui investimenti nell'innovazione, alto costo del lavoro e forte pressione fiscale (sempre più svincolata da investimenti strategici).

Gli investimenti nell'hi-tech da parte delle grandi aziende e della pubblica amministrazione in quegli anni sembravano un mero costo da sostenere per menzionarlo a fini pubblicitari, con la conseguenza di non sfruttare nemmeno il potenziale minimo delle tecnologie acquistate per abbattere costi e distanze e far temere che quando più avanti ciò fosse avvenuto sarebbe stato più un modo per ridurre la forza lavoro impiegata che un passo in avanti nel terzo millennio, mentre sul fronte del taglio del cuneo fiscale s'era registrata una brusca battuta d'arresto dai tempi di Padoa Schioppa alle Finanze.

La crisi globale, presa molto sotto gamba dal governo Berlusconi IV e, soprattutto, dal titolare del superministero delle Economia e delle Finanze, Giulio Tremonti, principale promotore dell'incremento dell'austerità durante una crisi all'Ecofin informale di Nizza nel settembre 2008, e la speculazione sul debito sovrano che ne scaturì non potè, quindi, che far deteriorare la situazione.

I miliardi di ore di cassa integrazione deliberati, il ricorso agli assegni di disoccupazione, la perseveranza sull'austerity alternata all'adozione di politiche fiscali e monetarie espansive da parte dell'Europa riuscirono a far impennare nuovamente il debito pubblico senza alcun effetto sulla crescita.

Dai 1600 miliardi del 2008 si arrivò infatti ai 1900 miliardi del 2011, mentre il rapporto debito/Pil passò dal 103% al 120%.

In poco meno di dieci anni il debito era cresciuto del 30%, volata che rese vano ogni tentativo di risanamento per il governo, imbrigliato in un'asfissiante crisi di bilancio e alla ricerca ossessiva di coperture per gli interessi che nel frattempo facevano registrare una crescita esponenziale.

Durante il triennio 2008-2011, il governo Berlusconi IV mise in atto una politica economica incentrata sulla riduzione delle tasse, tagliando la spesa pubblica e cercando di incentivare i consumi mediante bonus e cosiddette social card.

Nel 2009 introdusse lo scudo fiscale, con cui dovevano essere rimpatriate o regolarizzate le attività finanziare e patrimoniali detenute illegalmente da italiani all'estero.

Ma il trend negativo era ben avviato e nel 2011 l'Italia divenne bersaglio delle agenzie di rating: il debito pubblico non era più in grado di far fronte alla crisi e a finanziare il deficit, registrandosi così un'impennata dello spread BTp-Bund a dir poco preoccupante.

La fiducia nel Paese era scemata, e, complici tante vicende personali del premier e di alcuni importanti personaggi dell'esecutivo che avevano finito per coinvolgere l'intera maggioranza, non solo dal punto di vista finanziario.

Il 12 novembre 2011, dopo l'approvazione in via definitiva alla Camera della Legge di Stabilità e della Legge di Bilancio, il Presidente del Consiglio si recò al Quirinale per rassegnare le dimissioni del governo.

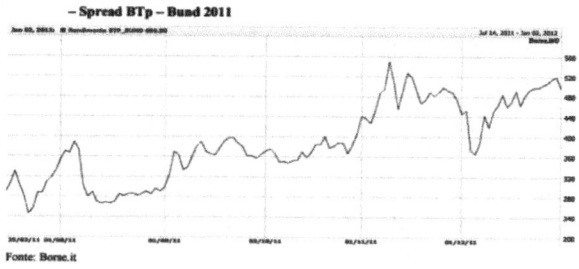

Fonte: Borse.it

Il 16 novembre s'insediò un esecutivo tecnico guidato da Mario Monti, nome proposto qualche settimana prima dal vicepresidente della Camera dei deputati per Il Popolo della Libertà Maurizio Lupi al vicesegretario del PD, principale partito dell'allora opposizione, Enrico Letta, durante una nota trasmissione televisiva[35].

Il governo Monti dovette assumere decisioni impopolari

---

[35] si tratta di Porta a Porta, programma televisivo ideato e condotto dal giornalista Bruno Vespa. Lupi e Letta già in precedenza avevano convenuto sulla necessità di superare l'impasse del bipolarismo da opposta fazione. Noto il confronto pubblico, ad esempio, al meeteng di Comunione e Liberazione tenutosi a Rimini ad agosto dello stesso anno.

affinché l'Italia uscisse dalla crisi del debito sovrano, quali l'introduzione dell'Imu e la tassazione sugli immobili, oltre al complesso di norme facenti parte del decreto SalvaItalia, una manovra da 34 miliardi di euro con cui avviò il risanamento delle finanze pubbliche e allentò la pressione dei mercati.

Monti riuscì a ricondurre lo spread dai 550 punti base di fine 2011 ai 250 del 2013 anche grazie alle politiche monetarie adottate dalla Banca Centrale Europea guidata da Mario Draghi, ex governatore della Banca d'Italia, ma le modifiche introdotte nel mercato del lavoro, il taglio della spesa pubblica e l'aumento delle tasse non evitarono all'Italia di proseguire il suo percorso di ripresa, soffocata com'era in una spirale di austerità e recessione (il rapporto debito/Pil a fine 2012 era ancora al 123%).

Nel 2013 s'insediò un governo di larghe intese guidato da Enrico Letta, cui ne seguì un altro capeggiato da Matteo Renzi, nel frattempo divenuto il nuovo segretario del PD con un programma da "rottamatore" della vecchia politica e innovatore del sistema Paese, ma nonostante i continui stravolgimenti delle maggioranze e le manovre di risanamento, l'Italia continuò (e continua) a convivere con una profonda crisi, ormai sistemica e strutturale.

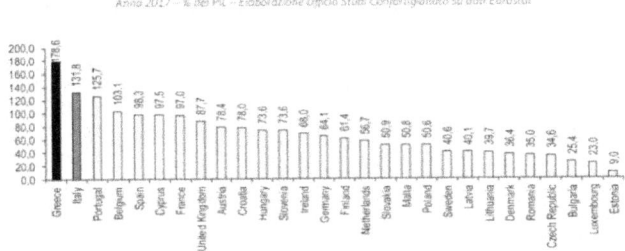

DEBITO PUBBLICO NEI PAESI DELL'UE A 28

Anno 2012 – % del Pil – Elaborazione Ufficio Studi Confartigianato su dati Eurostat

3. Teorie di politica economica e debito pubblico durante la Grande recessione

Una costante del XX secolo, come abbiamo finora osservato, è la scarsa attenzione ai disavanzi di bilancio, atteggiamento a volte improntato a garantire la nascita di uno Stato efficiente e una più equa distribuzione della ricchezza e delle opportunità, altre per rimediare agli errori (e orrori) politici e spesso per mantenere in vita un sistema che non si ha il coraggio di cominciare a cambiare e ammodernare, finendo con adottare politiche di brevissimo periodo e scadendo tante volte in logiche figlie di calcoli puramente elettoralistici e clientelari.

Tutto tirando in ballo sistematicamente la teoria keynesiana, eretta a vero e proprio supporto ideologico per ogni scelta effettuata senza stabilire sul serio preventivamente un'adeguata copertura delle spese, ma limitandosi a scaricare gli oneri sui cittadini, che avrebbero poi patito un aumento delle imposte e delle tasse e un graduale taglio dei servizi essenziali e del benessere conquistato.
E tralasciando l'effetto crescita che i provvedimenti

avrebbero dovuto scatenare (visto che si tira in ballo Keynes!), facendo in modo che la pressione fiscale e tutti i fenomeni distorsivi legati a tali scelte si manifestassero in modo differito, pesando così in capo agli esecutivi e alle maggioranze che sarebbero poi subentrate e ritrovatesi a dover adottare necessariamente scelte impopolari e a confrontarsi col sentiment negativo che irrimediabilmente la corsa al risanamento dei conti pubblici avrebbe innescato, con molti degli artefici di quelle scelte pregresse, spesso scellerate, ad alimentare e poi cavalcare il malcontento popolare pur di racimolare qualche punticino in più in fatto di sondaggi o consensi elettorali e rendere agli occhi di una parte sempre più crescente della popolazione quasi un pericolo l'esercizio dell'alternanza e la sostituzione delle figure ai vertici delle "stanze dei bottoni".

La via delle politiche di austerità, già parzialmente imboccata sul finire del secolo scorso, viene percorsa con maggiore decisione con lo scoppio della crisi del 2008 e la riduzione del debito pubblico diventa uno dei primari, se non il più importante, punto dell'agenda di governi e parlamenti nazionali.

Non è, infatti, errato sostenere che, per quanto la tenuta dei conti pubblici condizioni le politiche degli stati fin dalla loro nascita e che abbia assunto ruoli sempre più importanti durante le grosse crisi economiche e finanziarie che hanno caratterizzato la storia mondiale, nonché durante le guerre dei cambi scoppiate nella prima metà degli anni ottanta, è proprio dalla crisi dei mutui sub prime che gli eccessivi squilibri nelle finanze pubbliche sono reputati unanimemente il problema principale e che la recessione, in assenza degli interventi decisi, sarebbe potuta sprofondare verso scenari più drammatici di quelli osservati.

Molti dubbi, come vedremo di seguito, rimangono tuttavia sulle modalità e le tempistiche di tali interventi, che, sebbene avviati nei singoli Paesi europei nei primi anni novanta e negli anni successivi all'introduzione della moneta comune, quando i governi dei principali Stati del vecchio continente si reggevano grazie a maggioranze di centrodestra a trazione liberista e con programmi elettorali costruiti su tagli lineari e privatizzazioni ad ampio raggio, sono stati perfezionati proprio durante la fase più cruenta della recessione.

3.1 Le politiche di austerità

Con la Grande recessione esplosa nel 2008 e la speculazione sui debiti sovrani che l'hanno caratterizzata la consapevolezza che uno stock del debito al livello di quello di molti Paesi avanzati non possa essere più trascurato è dunque precipitata addosso anche a chi per decenni è riuscito a convincersi di essere lontano da tutto ciò che accade nel resto del Paese e del globo terrestre e immune alle vicissitudini del mondo economico e finanziario. In tale scenario il peso degli interessi è diventato sempre più gravoso e la necessità di politiche di risanamento fiscale dei singoli Stati per la loro stabilità finanziaria e sopravvivenza abbiamo visto essere diventata un dato di fatto.

Meno radicata, tuttavia, è, e non può essere diversamente, la convinzione che per abbattere il debito sovrano, o almeno contenerne l'incremento, occorra considerare quale obiettivo primario il consolidamento fiscale proprio durante una fase recessiva del ciclo economico. In effetti, attuare politiche di austerity durante un periodo di crisi caratterizzato da decrescita, perdita di reddito e posti di lavoro, fallimenti, impennata del tesso d'interesse sui titoli di debito e fuga di capitali all'estero sembra a dir poco contraddittorio.

I più critici su un'impostazione di questo tipo, come gli economisti post keynesiani, considerano prioritarie, invece, politiche di sostegno ai redditi e interventi shock da parte delle istituzioni centrali.

Di tutt'altro avviso gli economisti e i politici di scuola e vocazione neoliberista, che vedono nelle politiche di austerità, vale a dire politiche di bilancio restrittive che possono tradursi in una diminuzione della spesa pubblica o un innalzamento del gettito fiscale, strumenti idonei ed indispensabili tanto per abbattere il debito pubblico, quanto per far fronte alla recessione economica.

Una posizione, apparentemente, appunto, molto contraddittoria, che vede nella teoria della cosiddetta **austerità espansiva** la sua legittimazione teorica.

Esplosa negli anni '90 del XX secolo, ma con solide basi liberiste e monetariste (e ricardiane) ben radicate nella società ottocentesca e del dopoguerra, per essa le politiche di austerity, se ben impostate, sarebbero in grado di innescare la ripresa economica. E ciò avverrebbe grazie alle aspettative razionali degli individui, i quali, ben consci che una riduzione della spesa pubblica implichi minore pressione fiscale in futuro, cominciano a spendere di più fin da subito.

L'idea alla base del ragionamento è che i tagli alla spesa pubblica inneschino un aumento della fiducia dei consumatori e favoriscano la ripresa economcia.

Affinché ciò accada è tuttavia indispensabile che l'aumento dei consumi privati sia più che proporzionale alla contrazione del PIL provocata direttamente dalla riduzione delle spese del goveno.

Cosa non avvenuta durante la Grande recessione, in quanto le politiche fiscali restrittive non solo non hanno spinto in alto il PIL, che in realtà ha subito forti contrazioni, e dunque non sono state in grado di ridurre l'incidenza del debito, ma non hanno nemmeno frenato la crescita del debito pubblico.

Fondamentale per le scelte adottate un lavoro di due economisti della Harvard University già autori di diversi studi sulla crisi del 2008, Carmen Reinhart e Kenneth Rogoff, che l'hanno definita come la Seconda Grande Contrazione, seconda per dimensioni solo alla Grande Depressione del 1929.

Partendo dal presupposto che, a differenza di altre crisi del passato anche recente, limitate ad un singolo Paese o ad un'area geografica circoscritta, quella vissuta, e che stiamo ancora vivendo, evidenzia il comportamento analogo degli indicatori economici sia dei singoli Paesi che degli aggregati mondiali, Reinhart e Rogoff, attraverso l'analisi di una base di dati che mette a confronto le finanze pubbliche e i risultati macroeconomici di un campione molto ampio di Stati a partire dal dopoguerra, evidenziano l'esistenza di una netta discontinuità dell'effetto del debito pubblico sulla crescita.

Nello specifico, mentre sembrerebbero non rilevarsi sostanziali differenze in presenza di valori del rapporto debito/PIL sufficientemente moderati, un valore superiore al 90% si associa nei dati a tassi di crescita economica significativamente più contenuti, in media nulli o negativi.

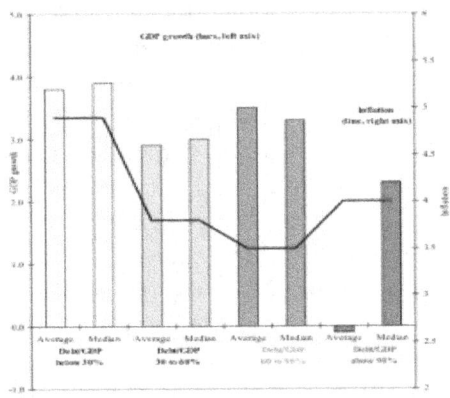

Un risultato che non stabilisce un rapporto causa-effetto[36] tra debito e crescita, ma una correlazione, e che non fornisce certamente soluzioni al mondo politico, cosa peraltro ben chiara anche, e soprattutto, agli autori. Tuttavia, se tra gli economisti il lavoro di ricerca economica condotto da Reinhart e Rogoff ha acquisito una certa importanza per la novità scientifica rappresentata dall'affrontare il problema su basi empiriche e con una nutrita base di dati, politici e responsabili di politica economica sono riusciti a ricavare da esso indiscutibili verità scientifiche con cui legittimare le loro scelte o proposte di politiche improntate all'austerità imposte, in tutto o parzialmente, dal 2008-2010 in poi.

Un'interessante disamina sugli effetti distorsivi di tali politiche la offre l'articolo di Vittorino Daniele del 20 giugno 2013 pubblicato sulla rivista online di critica dell'economia politica *economiaepolitica.com*[37].

---

[36] Vedasi anche: Quel nesso da dimostrare tra debito e crescita - Ugo Panizza e Andrea Filippo Presbitero, lavoce.info 30/04/2013

[37] L'austerità espansiva e i numeri (sbagliati) di Reinhart e Rogoff.

165

Gli effetti espansivi delle politiche di austerità", scrive il prof. Daniele, "si giocano quasi del tutto sul ruolo delle aspettative. Se i tagli di spesa vengono percepiti come segnali di un futuro abbassamento delle imposte, i consumatori si aspetteranno un più elevato reddito permanente (reddito futuro atteso), per cui tenderanno ad aumentare i consumi correnti.

Nella logica dell'austerità espansiva, dunque, forti riduzioni della spesa pubblica, riequilibrio dei conti e ripresa economica appaiono obiettivi conciliabili.

Fondo monetario internazionale (FMI), Commissione UE e BCE hanno sposato tale schema per la concessione degli aiuti ai Paesi in recessione dopo lo scoppio della crisi dei sub-prime.

I risultati sono, purtroppo, sotto gli occhi di tutti: contrazione del prodotto reale, aumento del debito pubblico sia in rapporto al PIL, sia in valori assoluti, crescita della disoccupazione e riduzione del tenore di vita e dei livelli medi di consumo.

Nessun effetto espansivo sui consumi o sugli investimenti, dunque. I fatti reali hanno dimostrato la scarsa fondatezza, o quantomeno l'illusorietà, della tesi.

Lo stesso FMI ne ha dovuto prendere atto e in uno studio del 2013 ha evidenziato come i moltiplicatori fiscali durante la recessione siano stati maggiori di quelli stimati per il periodo pre-crisi, 1,5 anziché 0,5.

In altri termini, una contrazione fiscale di 1 euro ha avuto un impatto recessivo di 1,5 euro, invece dello 0,5 precedentemente stimato dagli stessi teorici dell'austerità espansiva.

L'austerità s'è dimostrata recessiva, come il Fondo Monetario Internazionale già aveva lasciato intendere nel documento del 2010 *World Economic Outlook 2010, Recovery, Risk, and Rebalancing*, dove a pagina 113 gli analisti dell'organismo internazionale scrivevano "L'idea che l'austerità fiscale possa stimolare la crescita nel breve periodo trova poca conferma nei dati. I consolidamenti fiscali, tipicamente, hanno effetti recessivi nel breve termine sull'attività economica, portando a minore output e maggiore disoccupazione".

Evidentemente, mi viene da aggiungere, l'austerità come strategia di uscita dalla crisi si è riusciti ugualmente ad imporla.
Ed il fascino della stessa non ha lasciato indenni grosse fette della popolazione mondiale.
Non devono infatti sorprendere l'odierna idolatria di personaggi come Reagan e Thatcher, i precursori più accesi in campo politico di tale scelte, l'amarcord del Craxismo, che ha dato il là ad esse in Italia quasi quarant'anni fa, e il largo consenso riscosso dai principali partiti dell'asse del centrodestra, i primi a costruirci su un vero e proprio programma elettorale senza nemmeno provare ad edulcorarne i contenuti, e quelli del centrosinistra, da contestatori accesi a continuatori di tali scelte, seppur con qualche piccolo e timido correttivo figlio più delle tradizioni socialdemocratiche di qualche corrente interna che di larghe intese.

Tornando all'articolo, non può essere assolutamente trascurato, poi, l'effetto delle politiche di aggiustamento fiscale sulle ineguaglianze.
Vari gli studi, tra cui quello richiamato dal FMI nel *World Economic and Financial Surveys. Fiscal Monitor*, dell'ottobre 2012, che evidenziano come le politiche di austerity, soprattutto quando comportino importanti riduzioni di spesa, tendano ad aumentare le diseguaglianze sociali.
Nell'analisi condotta su 17 paesi OCSE, scrive l'autore citando gli studi riportati nel documento del Fondo, "un

consolidamento fiscale dell'1% del Pil si è associato, in media, con aumento dello 0,6% nell'ineguaglianza nel reddito disponibile (misurata dall'indice di Gini) nell'anno successivo. Tale effetto si registra, in maniera cumulativa, nei 5-6 anni seguenti i consolidamenti".

L'articolo cita infine il lavoro di Reinhert e Rogoff col quale si dimostrava che i Paesi con elevati debiti pubblici, oltre il 90% del Pil nell'analisi dei due docenti di Harvard, avevano registrato tassi di crescita negativi.

Uno studio, pubblicato nel 2010 sulla prestigiosa American Economic Review col titolo *Growth in a time of debt*, che è stato impietosamente smentito da Thomas Herndon, uno studente di dottorato dell'Università del Massachusetts Amherst che, ricorrendo ai dati di Reinahrt e Rogoff per un'esercitazione, s'è reso conto che le stime dei due economisti non quadravano.

Thomas Herndon, con l'aiuto dei suoi professori Michael Ash e Robert Pollin, ricorda l'autore, ha evidenziato come i risultati precedenti fossero affetti "da problemi metodologici, omissioni di dati ed errori di calcolo", con l'effetto di attribuire ai paesi ad elevato debito sovrano tassi di crescita medi del -0,1%, anziché del +2,2%, il dato corretto.

"I problemi principali individuati" da Herndon, si legge in un approfondito post[38] pubblicato su *keynesblog* ad aprile 2013, "sono tre:
> - l'esclusione selettiva di alcune osservazioni nei dati;
> - uno schema di bilanciamento dei dati non convenzionale;
> - un errore di codice nel foglio di calcolo originale utilizzato per selezionare i dati.

---

[38] Il debito pubblico deprime la crescita? Il clamoroso errore di Carmen Reinhart e Kenneth Rogoff – 18/04/2013

In primo luogo, sono escluse osservazioni specifiche di paesi (peraltro tutti anglosassoni: Canada, Australia e Nuova Zelanda) in un periodo storico, quello dell'immediato dopoguerra, in cui questi paesi sono stati caratterizzati sia da alto debito pubblico, oltre la fatidica soglia del 90%, che da una buona crescita media dell'economia. Reinhart e Rogoff utilizzano solamente, e senza alcuna ragione troppo chiara, l'ultima osservazione del periodo storico in questione per la Nuova Zelanda. In quest'ultimo paese in particolare – il cui tasso di crescita dell'economia era molto volatile nel dopoguerra, ma in media buono, del 2.58% – l'esclusione ha un grande impatto sulla media del tasso di crescita, che cade così di circa dieci punti al -7.6%: un'enormità!

Questa *scelta discrezionale* non avrebbe avuto probabilmente una grande importanza se non fosse stata amplificata da un secondo problema nell'analisi, uno schema non convenzionale di bilanciamento delle osservazioni. Negli studi empirici in economia è normale utilizzare tecniche volte ad attribuire maggiore o minore importanza ad alcune osservazioni. Solitamente, queste tecniche sono mirate ad ottenere obiettivi specifici: ad esempio, se si vuole calcolare l'effetto di una determinata variabile o politica sul reddito medio nella popolazione, ma si hanno a disposizione solo dati per gruppi di individui (ad esempio, paesi) tali dati sono pesati per la popolazione. Tuttavia, lo schema di bilanciamento scelto da Reinhart e Rogoff non pare avere motivazioni e basi chiare, ma certo ha un grande effetto sui risultati finali. Sostanzialmente, tutte le osservazioni per ogni singolo paese vengono divise in gruppi rispetto al rapporto debito/PIL (ad esempio, tutte le osservazioni per gli anni in cui il rapporto è più basso, oppure più alto, del 90%), e viene calcolata la media del tasso di crescita di ogni paese separatamente in ogni gruppo. Alla fine, si calcola la media delle medie tra tutti i paesi all'interno di ogni singola categoria di debito/PIL. Questo significa che nel calcolo finale, le 19 osservazioni relative alla crescita media del 2.4% del Regno Unito nel periodo di alto debito pubblico hanno la stessa importanza del −7.6% della Nuova Zelanda, come detto basato su un solo anno e dovuto a un'esclusione apparentemente arbitraria di singole osservazioni. Gli autori della critica sono consapevoli che probabilmente, per una serie di ragioni tecniche, un qualche tipo di schema di bilanciamento potrebbe essere preferibile a una media pura sulle singole osservazioni, ma è quantomeno inusuale che Reinhart e Rogoff nel loro lavoro originale non discutano o giustifichino la scelta del loro schema di bilanciamento, che ha un impatto enorme sui loro risultati. Infine, l'intero lavoro è viziato da un errore di codice sul foglio di calcolo utilizzato per selezionare i dati, il quale esclude la buona media del tasso di crescita del Belgio che è a lungo stato contraddistinto da un alto debito pubblico. Si può notare come questo errore, che da solo abbassa la media del tasso di crescita dei paesi ad alto debito dello 0.3%, escluderebbe anche Canada e Australia se le osservazioni per questi Paesi fossero state appropriatamente incluse nell'analisi. È altresì evidente che il grosso del risultato pare guidato dalla singola osservazione sulla performance economica del tutto anomala della Nuova Zelanda – un Paese relativamente piccolo e isolato – in un singolo anno, il 1949".

	B	C	I	J	K	L	M
2				Real GDP growth			
3					Debt/GDP		
4	Country	Coverage	30 or less	30 to 60	60 to 90	90 or above	30 or less
26			3.7	3.0	3.5	1.7	5.5
27	Minimum		1.6	0.3	1.3	-1.8	0.8
28	Maximum		5.4	4.9	10.2	3.6	13.3
29							
30	US	1946-2009	n.a.	3.4	3.3	-2.0	n.a.
31	UK	1946-2009	n.a.	2.4	2.5	2.4	n.a.
32	Sweden	1946-2009	3.6	2.9	2.7	n.a.	6.3
33	Spain	1946-2009	1.5	3.4	4.2	n.a.	9.9
34	Portugal	1952-2009	4.8	2.5	0.3	n.a.	7.9
35	New Zealand	1948-2009	2.5	2.9	3.9	-7.9	2.6
36	Netherlands	1956-2009	4.1	2.7	1.1	n.a.	6.4
37	Norway	1947-2009	3.4	5.1	n.a.	n.a.	5.4
38	Japan	1946-2009	7.0	4.0	1.0	0.7	7.0
39	Italy	1951-2009	5.4	2.1	1.8	1.0	5.6
40	Ireland	1948-2009	4.4	4.5	4.0	2.4	2.9
41	Greece	1970-2009	4.0	0.3	2.7	2.9	13.3
42	Germany	1946-2009	3.9	0.9	n.a.	n.a.	3.2
43	France	1949-2009	4.9	2.7	3.0	n.a.	5.2
44	Finland	1946-2009	3.8	2.4	5.5	n.a.	7.0
45	Denmark	1950-2009	3.5	1.7	2.4	n.a.	5.6
46	Canada	1951-2009	1.9	3.6	4.1	n.a.	2.2
47	Belgium	1947-2009	n.a.	4.2	3.1	2.6	n.a.
48	Austria	1948-2009	5.2	3.3	-3.8	n.a.	5.7
49	Australia	1951-2009	3.2	4.9	4.0	n.a.	5.9
50							
51			4.1	2.8	2.8	=AVERAGE(L30:L44)	

(Il foglio di calcolo protagonista dell'*excelgate*)

Ma ritornando all'articolo del professor Daniele precedentemente citato, al di là dell'errore nelle procedure di calcolo, che possono accadere e provocare "incidenti spiacevoli ma scusabili", ciò che davvero colpisce è "che lo studio di Reinhart e Rogoff ha avuto un impatto mediatico enorme, con citazioni sui principali giornali (dal Financial Times, al The Economist al Wall Street Journal) e canali televisivi mondiali" ed "i suoi risultati sono stati, poi, presi a sostegno delle misure di austerità".

Lo studio di Reinhert e Rogoff è stato, ad esempio, "l'unico lavoro citato da Paul Ryan, politico conservatore americano, nella sua risoluzione, significativamente intitolata The Path to Prosperity, presentata alla House of Representatives del Congresso degli Stati Uniti, e da Olli Rehn,Vice Presidente della Commissione Europea, per sostenere le politiche di austerità europee. E, ironia della sorte, "lo stesso Olli Rehn, appena qualche giorno prima della pubblicazione dello studio che mostrava gli errori nei calcoli di Reinhart e Rogoff, in una lettera indirizzata ai Ministri economici e finanziari della UE, al FMI e alla BCE, scriveva: - È largamente riconosciuto, sulla base di una seria ricerca accademica, che quando i livelli del debito pubblico superano il 90%, tendono ad avere un impatto negativo sull'andamento dell'economia, che si traduce in bassa crescita per molti anni".

Le previsioni sbagliate del Fondo Monetario Internazionale sulla base del modello di Reinhert e Rogoff hanno contribuito all'inasprimento del già acceso dibattito tra i sostenitori dell'austerità espansiva tout court, secondo cui i mercati avevano bisogno di un forte segnale di rigore, senza il quale la crisi avrebbe prodotto conseguenze ben peggiori, e coloro per il quali essa è stata attuata troppo a ridosso della crisi finanziaria, divenendo la principale causa della interminabile recessione che ha attanagliato le economie del vecchio continente.
Dibattito definitivamente esploso, ricorda il prof. Carlo Favero su *lavoce.info*[39], con la pubblicazione nel 2013 da parte dell'FMI di un'analisi, firmata da Olivier Blanchard e Daniel Leigh, avente ad oggetto lo studio della relazione empirica tra gli errori di previsione di crescita per il biennio 2010-2011 e il consolidamento fiscale pianificato per i 26 paesi dell'Unione Europea sulla base dei modelli del Fondo all'inizio dello stesso periodo.

Il risultato principale di questo studio è che ad ogni punto percentuale di consolidamento fiscale in più si è associata una crescita più bassa dell'attesa di 1,1 punti percentuali. L'interpretazione più naturale di tale conclusione è che la risposta dell'economia e dei mercati alla restrizione fiscale

---

[39] Tutta colpa dell'austerità? – 18/09/2018

è stata più aspra di quanto si aspettasse l'FMI quando ha formulato le previsioni.

Le indicazioni di austerità auspicate dal Fondo, in altri termini, erano basate su un modello che non ha stimato correttamente la risposta effettiva delle economie europee alle politiche fiscali restrittive.

Un modello che non ha tenuto conto ed è stato compromesso dalla mancata considerazione di ulteriori fattori critici quali le crisi bancarie, i timori registrati sui mercati finanziari e l'incubo di un'impennata dei tassi d'interesse a lungo termine a seguito della denuncia da parte della Grecia di avere difficoltà nella misurazione del proprio debito e, in generale, dal crollo della fiducia nel sistema.

Così l'austerità è diventata la causa principale, se non esclusiva, della mancata ripartenza dell'economia, trascurando tuttavia quella spirale catastrofica "generata dalla presenza cospicua di titoli di stato nei bilanci delle banche" che ha, a sua volta, condotto al credit crunch, "dato che il calo dei prezzi dei titoli di stato ha portato a una riduzione del valore del capitale delle società bancarie".

Austerity che per l'autore dell'articolo resta comunque una medicina necessaria, che ha degli effetti collaterali che vanno minimizzati.

"L'austerità basata sulla riduzione della spesa pubblica è meno costosa in termini di crescita ed è più efficace nella stabilizzazione del rapporto debito/Pil rispetto all'austerità basata sull'aumento delle entrate del settore pubblico. I piani di stabilizzazione fondati sui tagli di spesa hanno in media un piccolo effetto di contrazione sulla crescita e stabilizzano il rapporto debito/Pil, mentre l'effetto dell'aumento della tassazione è negativo, ampio e significativo sulla crescita, e non è accompagnato dalla stabilizzazione del rapporto debito/Pil".

"La comprensione di questi risultati", spiega Favero[40] commentando l'uscita del libro 'Austerità', scritto con Alberto Alesina, uno dei più strenui sostenitori delle politiche di austerity, e Francesco Giavazzi, "richiede di andare oltre gli effetti della politica fiscale sulla domanda aggregata, dove l'impatto recessivo del taglio di spesa è più elevato di quello di un aumento della tassazione. È necessario invece considerare gli effetti distorsivi della tassazione sull'allocazione efficiente delle risorse e, quindi, della produzione. Soprattutto, è necessario considerare gli effetti della politica fiscale sull'incertezza. I tagli di spesa aumentano la fiducia delle imprese e dei consumatori perché danno un segnale di riduzione della dimensione del settore pubblico e dunque della minore necessità di rialzi futuri delle imposte, mentre un aumento delle entrate, che non agisce sulla crescita della spesa, non basta a stabilizzare il debito in maniera duratura e aumenta l'incertezza".

"Purtroppo, il dibattito sull'austerità si è trasformato in un confronto aspro tra i suoi detrattori e i suoi sostenitori", sottolinea l'economista sempre su *lavoce.info*: "focalizzare il dibattito sulla questione è molto meno rilevante che concentrarsi sull'evidenza empirica di eterogeneità degli effetti delle varie manovre di aggiustamento fiscale. Ma tale evidenza potrebbe essere utile per minimizzare gli effetti collaterali della medicina necessaria".

"Ma è soprattutto giunto il momento di chiedersi perché, nonostante le politiche di restrizione fiscale abbiano sortito effetti più che negativi sul corso della crisi che ha travolto le economie occidentali (e quella europea in particolare), la discussione tra quanti ne sostengono l'efficacia e i fautori di posizioni keynesiane sia più accesa che mai".

---

[40] Austerità: quando funziona e quando no - 29/01/2019

È quanto si legge su *keynesblog* in un post[41] dove viene presentata la raccolta di articoli **Austerity vs Stimulus** con i quali i suoi autori, gli storici Robert Skidelsky e Nicolò Fraccaroli, "intendono mostrare come l'idea di austerità abbia acquistato sempre maggior forza soprattutto in virtù di un messaggio politico divenuto centrale per i partiti di centro–destra, che hanno dominato la scena politica europea da prima e lungo tutto l'arco della crisi. L'austerità si sposa infatti con la visione che la crescita economica debba essere trainata dal settore privato e che a tal fine l'intervento pubblico non interferisca con i meccanismi di 'autoregolazione' del mercato".

Una raccolta di articoli davvero utile nel far comprendere quanto sia ampio il dibattito tra coloro che evidenziano i limiti del liberismo e delle teorie dell'austerità espansiva, in generale, e gli effetti nefasti apportati dalle politiche adottate dal 2008 in poi e chi rileva la dannosità della spesa pubblica e individua nel consolidamento fiscale, dunque nella riduzione del debito pubblico attraverso drastici tagli di spesa pubblica, il motore primario della ripresa forte della "potenza della dimensione ideologica che accompagna l'idea di austerità dall'inizio della crisi ad oggi".

---

[41] L'austerità espansiva e i suoi oppositori - 25/01/2018

3.2 Le politiche fiscali espansive

Di tenore del tutto opposto le teorie di politica economica di matrice keynesiana, che invitano le autorità pubbliche all'adozione di politiche fiscali espansive durante le fasi di recessione economiche.

Una delle più importanti conquiste del pensiero keynesiano è stata proprio la rivalutazione dell'intervento dello Stato in economia nel rispetto di determinati principi. Keynes infatti ribalta la visione (dominante) della scuola economica classica per la quale uno dei capisaldi consisteva nell'assumere la variazione della spesa pubblica e delle imposte come stimoli inefficaci per l'economia, per cui diventava centrale esclusivamente l'iniziativa privata.

L'individuo, secondo gli economisti classici, come guidato da una mano invisibile e compiendo scelte finalizzate a massimizzare il proprio vantaggio, sarebbe riuscito a raggiungere il massimo benessere individuale e, contemporaneamente, la più efficiente allocazione delle risorse nell'economia ed il reddito nazionale dipenderebbe esclusivamente dall'offerta dei fattori di produzione e dalla tecnologia disponibile.

J.M. Keynes pubblicò la sua *Teoria generale dell'occupazione, dell'interesse e della moneta* nel 1936, dopo la Grande depressione del 1929-32, ed i suoi studi hanno dato vita a quella che passerà alla storia come rivoluzione keynesiana, rimarcando a più riprese come la spesa pubblica potesse invece sostenere la domanda globale nei momenti di crisi economica, riducendone la durata, ed influenzare la crescita dell'occupazione e del reddito.

Spostando l'attenzione alla domanda aggregata e ai fattori che la determinano, capovolgendo dunque il paradigma classico, incentrato sul lato dell'offerta, lo strumento principale per riuscirci, secondo l'economista britannico e uno dei padri indiscussi della moderna macroeconomia, è la politica fiscale, soprattutto quando la politica monetaria risulta inefficace.

La teoria macroeconomica di Keynes, che nel breve periodo individua nei piani di spesa dello stato, delle imprese e degli individui le determinanti principali del reddito complessivo di un sistema economico, può essere spiegata ricorrendo al modello IS-LM.

Esso consente di osservare contemporaneamente gli effetti di una politica fiscale (e di una politica monetaria) sia sul mercato dei beni che sul mercato della moneta, in quanto mette in relazione il tasso di interesse con il reddito sia dal punto di vista del mercato monetario (curva LM), sia dal punto di vista del mercato dei beni (curva IS).

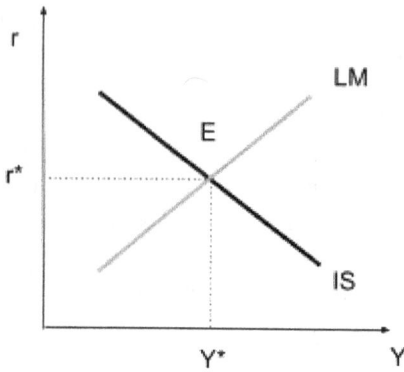

La curva IS rappresenta tutti i punti di equilibrio nel mercato dei beni in relazione alle variazioni del tasso di interesse r e del reddito Y.

La curva LM traccia i punti di equilibrio nel mercato monetario in relazione alle variazione del tasso di interesse r e del reddito Y.

Sull'asse orizzontale del grafico si misura il PIL reale Y, su quello verticale si misura il tasso di interesse reale r, vale a dire la differenza tra il tasso di interesse nominale e il tasso di inflazione.

Il tasso di interesse determina sia la domanda di investimenti e sia la domanda di moneta. Si tratta di una variabile, quindi, capace di influenzare tanto il mercato dei beni, quanto quello monetario.

Il modello IS-LM consente dunque di determinare contemporaneamente i valori di equilibrio del tasso di interesse e del reddito.

L'intersezione tra le due curve individua, di conseguenza, il punto di equilibrio sie del mercato dei beni che di quello monetario.

La rappresentazione grafica del modello IS-LM, in altri termini, consente di verificare quali combinazioni del tasso di interesse e del reddito permettono di porre in equilibrio entrambi i mercati.

Secondo Keynes l'equilibrio iniziale versa in una situazione
di sottoccupazione delle risorse, in quanto gli operatori
economici hanno una grande riserva di moneta non
utilizzata (*trappola della liquidità*), mentre la domanda di
moneta è molto sensibile alle variazioni del tasso
d'interesse r.
Per uscire da questa situazione di stallo Keynes propone un
aumento della spesa pubblica (G) o dei trasferimenti in
modo da espandere la domanda aggregata dei beni e il
reddito d'equilibrio, spingendo il sistema verso la crescita
economica.
Crescita economica che nel medio-lungo periodo migliora
le aspettative degli imprenditori sul futuro, facendoli
tornare a investire.
Al termine di questo processo di aggiustamento il
reddito/produzione e il tasso d'interesse, rimasto per lungo
tempo invariato per via della trappola di liquidità (curva
LM piatta - politica fiscale espansiva completamente
efficace), risulteranno aumentati, configurandosi lo
scenario rappresentato nel secondo grafico:

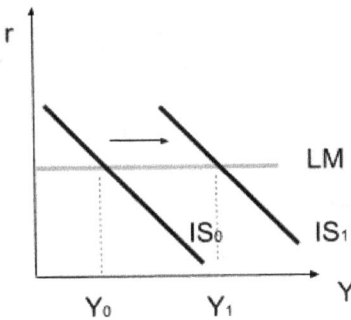

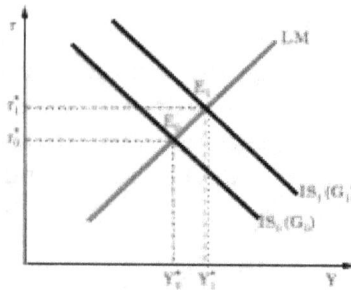

In un'ottica lineare e semplificata, la politica fiscale ha permesso di raggiungere il livello di reddito prefissato Y1, dimostrandosi dunque efficace.

In condizioni di pareggio di bilancio, o di suo perseguimento, a causa dell'aumento delle uscite pubbliche, le politiche fiscali espansive sono in realtà interventi che generano situazioni di disavanzo nel bilancio dello Stato: anche se accompagnate da un aumento delle imposte sulle riserve monetarie inutilizzate dagli operatori economici (leva fiscale), queste coprirebbero soltanto una parte degli investimenti pubblici.
Di conseguenza, per finanziare le politiche fiscali espansive, lo Stato deve emettere e collocare sul mercato nuovi quantitativi di titoli pubblici, riconoscendo un tasso d'interesse più elevato rispetto a quello di mercato.
E ciò provoca, indirettamente, un rialzo del tasso d'interesse ed una contrazione degli investimenti privati, che pure sarebbero stimolati dall'aumento di quelli pubblici.
Si configura, in altrei termini, quell'effetto spiazzamento degli investimenti (*crowding out*) che si manifesterebbe anche con l'attuazione di politiche fiscali espansive mediante una riduzione delle imposte: l'aumento delle transazioni dovuto ad una politica espansiva farà, infatti,

aumentare in ogni caso la domanda di moneta. In assenza
di un aumento dell'offerta di moneta, che comunque
decreterebbe il crollo in termini reali di redditi e
investimenti, si determina in tal modo una situazione di
eccesso di domanda di moneta, compensata da un rialzo
dei tassi d'interesse.
E un tasso d'interesse maggiore è sinonimo di un maggior
costo dei finanziamenti per le imprese e, dunque, di una
contrazione degli investimenti privati.

Le politiche fiscali espansive, attuate mediante un aumento
degli investimenti o dei trasferimenti pubblici o una
riduzione della pressione fiscale, implicano quindi una
dimininuzione degli investimenti privati con effetti,
d'entità minore, su redditi, consumi, ecc.
Innegabile, tuttavia, che per quanto l'effetto spiazzamento
non consenta, e non abbia consentito in passato, di
raggiungere il livello di crescita del reddito che ci si era
prefissati ricorrendo alla politiche fiscali espansive (Y2 nel
grafico), la crescita c'è stata (Y1) e non è un caso che i
periodi di prosperità si siano contraddistinti per alti tassi
d'interesse.

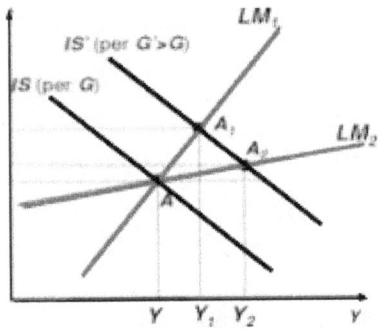

Ma anche l'aumento del reddito produce un aumento dei tassi d'interesse.

La domanda di moneta è infatti notevolmente sensibile al reddito e ad un aumento di questo corrisponde un aumento della prima, quindi un aumento del tasso d'interesse per compensarlo ed il conseguente spiazzamento degli interessi.

Spiazzamento il cui effetto potrà essere mitigato, tuttavia, attraverso variazioni, anche esigue, del tasso d'interesse.

Una politica fiscale espansiva, in sostanza, è tanto più efficace quanto più verticale è la curva IS, vale a dire quanto meno sensibili sono gli investimenti alle variazioni del tasso d'interesse.

Cosa che abbiamo visto durante i periodi di crescita, dove il sentiment positivo innescato dagli investimenti pubblici e la stessa crescita hanno trasmesso aspettative positive e stimolato gli investimenti privati e i consumi nonostante gli alti tassi d'interesse, di gran lunga superiori in termini percentuali alla stessa crescita e alla redditività degli investimenti stessi.

Gli economisti neoclassici, che nei loro modelli danno più peso al fenomeno del *crowding out* e alle ipotesi di aspettative razionali, tendono a dare minor spazio alle ipotesi di aggiustamento dell'equilibrio di mercati mediante interventi sui tassi rispetto ai keynesiani, rifiutando in toto l'adozione di politiche fiscali espansive nell'economia.

E ciò soprattutto per due motivi.

In primo luogo, perché in una fase di recessione le aspettative negative di famiglie e imprese fanno sì che la sensibilità degli investimenti al tasso d'interesse tenda a zero: un aumento del tasso d'interesse causato da una politica fiscale espansiva provoca uno spiazzamento degli investimenti quasi nullo. La reazione dei privati, in altre parole, non si fa vedere.

In secondo luogo, in periodi recessivi, caratterizzati dalla cosiddetta trappola della liquidità, l'eccesso di domanda di moneta causato da una politica fiscale espansiva è limitato e non provoca significativi aumenti del tasso d'interesse.

Se poi alle politiche fiscali espansive si accompagnano politiche monetarie accomodanti, l'aumento del tasso d'interesse viene assorbito dall'aumento dell'offerta di moneta della banca centrale, scongiurando l'effetto spiazzamento degli investimenti.
Cosa che è accaduto, e sta tuttora accadendo, grazie alle forti politiche monetarie espansive adottate da FED, BCE, BOJ e le banche centrali dei principali paesi avanzati.

Preso atto degli studi e delle analisi che hanno condotto storicamente e in epoca recente a tali conclusioni, per uscire dalla Grande recessione per i post-keynesiani occorre una politica di bilancio espansiva finalizzata all'aumento di investimenti pubblici, soprattutto quelli miranti ad aumentare l'occupazione e nelle infrastrutture, capaci di generare economie esterne a favore delle imprese, senza ignorare il rispetto del vincolo di bilancio e cercando di ridurre al minimo il deficit creato dalla manovra stessa, magari incrementando la pressione fiscale sui redditi più elevati, i cui percettori hanno una minore propensione al consumo, e riducendola sui redditi da lavoro, specie per quelli più modesti, ed applicare contemporaneamente una spending review che consenta di sostenere la domanda aggregata senza aggravare le finanze pubbliche.
Un mix tra aumento degli investimenti pubblici, spendig review improntata sulla leva fiscale e taglio del cuneo fiscale che, come appuriamo ancora oggi, proprio non piace.

3.3 Le politiche monetarie

Le politiche monetarie, per le quali il ruolo fondamentale è svolto dalle banche centrali, hanno quale obiettivo principale quello di assicurare la stabilità dei prezzi variando l'offerta di moneta, così da intervenire indirettamente sul tasso d'interesse.
Gli strumenti attraverso cui attuarle sono diversi.
Uno di quelli cui s'è fatto ricorso più di frequente, sia durante le crisi che hanno riguardato contemporaneamente cambi e debito sovrano dai primi anni Ottanta del 1900 all'ingresso nell'Eurozona, sia durante la recessione scoppiata nel 2008 e che ancora soffoca l'economia del Paese, è rappresentato dalle operazioni a mercato aperto, mediante l'acquisto o la vendita di titoli, determinando in tal modo inezioni o prelievi di liquidità e, di conseguenza, variazioni del tasso d'interesse.

La banca centrale può inoltre intervenire fissando le riserve obbligatorie minime che le banche commerciali devono accantonare sui depositi, determinando così l'offerta di moneta aggregata nel sistema.

Altro strumento a disposizione della banca centrale è la fissazione del Tasso Ufficiale di Sconto, TUS, il tasso al quale le banche commerciali possono ottenere rifinanziamenti, vale a dire maggiore liquidità, da parte di essa.
Maggiore è il TUS, minore sarà la liquidità a disposizione delle banche per le loro operazioni, l'offerta di moneta diminuisce e il tasso di mercato aumenta.

In un periodo di forte contrazione economica, tuttavia, l'effetto di tali strumenti rasenta lo zero, soprattutto in termini di impatto sulla ripresa.
Sono fasi in cui si manifesta quella trappola della liquidità descritta in precedenza e ben spiegata da Keynes durante gli anni della Grande depressione del 1929, una situazione in cui la domanda di moneta si appiattisce e il tasso d'interesse risulta quasi immune alle variaizioni dell'offerta di liquidità.
Le aspettative negative, inoltre, prendono il sopravvento sullo stimolo che dovrebbe provenire dai bassi tassi d'interesse, cosicché si instaura un regime di stretta creditizia (*credit crunch*), le banche cioè non erogano prestiti, e l'effetto espansivo delle politiche monetarie non si manifesta.
Le banche centrali, di conseguenza, sono dovute ricorrere a strumenti non convenzionali per perseguire i loro obiettivi di politica monetaria.
Provvedimenti adottati nonostante le forti resistenze da parte dei più acerrimi integralisti dell'austerity e della 'mano invisibile' del mercato quale panacea di tutti i mali in seno all'UE, agli USA, alla FED e alla BCE, accennati nel capitolo secondo e di cui parleremo in seguito, che, se non hanno fatto ripartire sul serio l'economia globale, l'area

dollaro, l'eurozona e il Belpaese, sono stati almeno in grado di calmierare la speculazione internazionale.

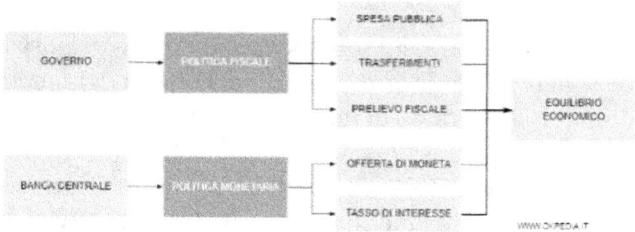

4. Italia e UE durante le crisi

Dalla fine della seconda Guerra mondiale alle soglie del doppio shock petrolifero degli anni Settanta del '900 l'economia, anche se con qualche breve battuta d'arresto, aveva fatto registrare il più lungo periodo di crescita della storia moderna.

Un'onda lunga, accompagnata da faticose conquiste civili e sociali, caratterizzata dalla predominanza del pensiero keynesiano e dalla conseguente adozione della politica fiscale come strumento attivo di politica economica per la stabilizzazione del ciclo economico.

La crisi degli anni Settanta ed il contesto macroeconomico che si venne a creare portarono al graduale abbandono delle teorie keynesiane e alla rapida affermazione del monetarismo, pensiero maturato nel decennio precedente dopo la pubblicazione di Monetary History of the United States 1867-1960 di Milton Friedman e Anna Schwartz e che influenzò il pensiero politico ed economico negli Stati Uniti, prima, e poi nel mondo.

Il passaggio da un paradigma all'altro, complice l'impeto con cui agirono i principali promotori di tali cambi di rotta politici e economici su scala mondiale, Ronald Reagan e Margareth Tatcher su tutti, fu molto rapido e per nulla indolore, mentre in casa nostra si dovette attendere il secondo shock petrolifero affinché le teorie keynesiane, e quel che restava delle visioni collettiviste dell'economia, cedessero il passo a quello che sarà poi ribattezzato come neoliberismo.

4.1 Le politiche economiche adottate dall'Italia durante le crisi petrolifere

Sul finire degli anni sessanta del Novecento l'aumento dell'occupazione innescata dal "miracolo economico" aveva generato un contesto in cui la domanda risultava di gran lunga superiore all'offerta, con conseguente aumento dell'inflazione e ricerca di soluzioni che non poggiassero più su politiche a sostegno della domanda.

Si era arrivati, infatti, negli anni settanta con una situazione del tutto opposta a quella vista durante la Grande depressione esplosa nel 1929: non si aveva più una contrazione della domanda ma il problema opposto di eccesso della stessa che, tuttavia, in breve tempo determinò una crisi di sovrapproduzione, visto che gli acquisti di massa verificatisi nel periodo del boom economico avevano provocato una saturazione dei bisogni soddisfatti dalla maggior parte dei beni primari.

Ciò spinse rapidamente ad una contrazione dei consumi di massa che, nella prima metà del decennio, condusse rapidamente alla recessione.

L'insieme di fattori quali eccesso e poi contrazione della domanda, insufficienza dell'offerta e poi sovrapproduzione, inflazione e recessione, oltre alla difficoltà di remunerare i capitali investiti nelle aziende, determinarono quindi l'accantonamento delle teorie keynesiane e fecero riemergere i paradigmi classici della "mano invisibile" improntati sul principio del laissez-faire che, grazie ai monetaristi, di fatto forti sostenitori del liberalismo economico, già nel decennio precedente avevano ripreso piede negli Stati Uniti (e alla Casa Bianca).

L'Italia, dal canto suo, in quegli anni stava vivendo un processo di trasformazione sociale che sanciva il passaggio reale da un sistema di relazioni di lavoro ancora ancorate a logiche padronali e post feudali ad uno in cui la valorizzazione ed il rispetto del cosiddetto capitale umano diventavano centrali.

Complice la bassa disoccupazione ed il forte potere contrattuale raggiunto all'epoca dai sindacati, senza dimenticare il sentiment in tale direzione diffusosi anche negli ambienti intellettuali, nel mondo dell'istruzione e in quello della cultura in generale, si registrarono un susseguirsi di conquiste per i lavoratori che si tradussero in significativi aumenti salariali e incrementi del costo del lavoro che a loro volta determinarono una perdita di competitività delle imprese italiane.

Competitività che s'era tanto adagiata sul basso costo della forza lavoro, la debolezza della valuta nazionale e gli aiuti di Stato e che, in un periodo in cui i profitti delle imprese risultavano inferiori agli aumenti delle retribuzioni, crollò vertiginosamente risultando di gran lunga inferiore a quella degli altri Paesi più sviluppati.

Lo scenario che si venne a creare permise inoltre l'intensificazione del meccanismo della cosiddetta scala mobile, sistema che prevedeva l'aumento automatico dei salari nominali all'inflazione e che contribuì a determinare un quadro di inflazione costante per tutti gli anni settanta e nei primi anni ottanta.

Un altro connotato fondamentale del contesto economico italiano di quegli anni era il rapporto tra la politica monetaria e la politica fiscale.

Come abbiamo visto nel capitolo dove si descrive sommariamente la storia del nostro debito pubblico, nel Belpaese vigeva un regime monetarista che si esplicava, in sostanza, nell'obbligo in capo alla Banca d'Italia di acquistare i titoli di Stato rimasti invenduti per monetizzare il debito che il Tesoro non riusciva a collocare sul mercato: un sistema che, da un lato, consentiva allo Stato di contenere l'aumento del costo del debito e, dall'altro, contribuiva ad aggravare la corsa dell'inflazione. Lo stesso regime al quale poi si ricorrerà sempre più frequentemente per dare luogo a comportamenti più propriamente opportunistici, con l'adozione di scelte di politica fiscale chiaramente irresponsabili, spesso con finalità clientelari e di mantenimento degli equilibri di potere poco velate, che avranno conseguenze disastrose sia, direttamente, sull'inflazione, con la crescente perdita del potere d'acquisto dei cittadini e del valore reale degli investimenti, sia, indirettamente, sull'espansione del debito, con un ricorso continuo e sistematico a strumenti di welfare ordinari e straordinari e sussidi, e sull'aumento della pressione fiscale, sempre più indirizzata a coprire le uscite per rimediare ai danni apportati alla società e all'economia e sempre meno adoperata per sostenere investimenti pubblici e il circuito virtuoso che la leva fiscale era stata in grado di mettere in moto negli anni addietro.

Comportamenti da parte della classe politica dirigente quasi ignorati, se non proprio tollerati dalla collettività, anche perché distratta dal forte sviluppo del Welfare State registrato proprio in quegli anni, caratterizzati da un importante aumento della spesa da parte degli esecutivi nel comparto della sanità, dell'assistenza, della previdenza e dell'istruzione.

Fatto sta che tutti questi fattori fecero sì che l'Italia si ritrovò ancor più spiazzata degli altri Paesi sviluppati di fronte al primo shock petrolifero del 1973-74, ritrovandosi in breve tempo in recessione con un'inflazione a doppia cifra che andrà avanti per oltre un decennio.

Per la prima volta nella storia si configurò un contesto caratterizzato congiuntamente da recessione e inflazione, che, abbiamo visto nel secondo capitolo, fu ribattezzato con il termine stagflazione.

La risposta dei governi italiani, che non vollero abbandonare, almeno sulla carta, la piena occupazione quale obiettivo primario di politica economica, si limitò all'adozione di politiche fiscali restrittive, miranti soprattutto a limitare i consumi energetici e dei carburanti, accompagnate dal ricorso a provvedimenti temporaneamnete limitativi quali, ad esempio, il divieto di utilizzare l'auto la domenica (coadiuvato dall'istituzione delle cosiddette "isole pedonali" in ambito comunale), la chiusura programmata di determinati stabilimenti industriali, la riduzione dell'orario di apertura dei negozi ecc., e ad una forte campagna mediatica per sensibilizzare i cittadini ad adottare politiche di risparmio energetico in ambito domestico attraverso un uso più "intelligente" degli elettrodomestici che comportano maggior consumo di energia elettrica, mentre la politica monetaria venne

mantenuta espansiva con il fine di contrastare la
recessione.

A proposito della politica monetaria, bisogna tuttavia
ricordare che compito della Banca d'Italia, oltre all'acquisto
dei titoli di Stato invenduti durante la fase di collocamento
da parte del Tesoro, era anche quello di assicurare la
stabilità del cambio con le altre valute europee.

Nel 1972, a seguito della revoca unilaterale degli accordi di
Bretton Woods da parte del presidente Nixon, l'Italia aveva
infatti aderito al Sistema Monetario Europe (SME),
accordo che fissava dei limiti di oscillazione delle valute
europee in un range compreso tra + e - 1,125%.
Data la situazione economica, per rispettare l'equilibrio
valutario era necessaria l'adozione di una stretta monetaria
da parte della Banca d'Italia, operazione che si sarebbe
rivelata troppo onerosa in termini di occupazione.

A ciò va aggiunto che la relazione inversa tra il tasso di
inflazione e quello di disoccupazione della **curva di
Philips** era ancora in auge in quegli anni, sebbene la stessa
stagflazione avesse messo in crisi il modello del noto
economista neozelandese che per tanti anni s'era
dimostrato valido, e le politiche delle banche centrali di
alcuni Stati che stavano cercando di limitare i danni erano
ancora ancorate ad essa.

Nel suo *The relationship between unemployment and the
rate of change of money wages in the UK 1861-1957,*
pubblicato su Economica, rivista della London School of
Economics, Alban William Housego Phillips, basandosi su
dati empirici relativi all'economia inglese nel periodo
1861-1957, aveva evidenziato una relazione inversa il tasso
d'inflazione dei prezzi e dei salari nominali con il tasso di
disoccupazione.

Dai dati osservati per il Regno Unito, Philips aveva rilevato che quanto più basso era il tasso di disoccupazione, fino a toccare il livello di piena occupazione, maggiore era il tasso di crescita di prezzi e salari e viceversa.

La curva che evidenzia tale trade-off si basa sull'osservazione che le fasi di crescita economica sono caratterizzate da un incremento dei salari monetari.

Una semplice rappresentazione grafica di quella che nella manualistica di Macroeconomia diventerà in brevissimo tempo la curva di Philips, con il tasso di inflazione dei prezzi e dei salari nominali rappresentato sull'asse delle ordinate e il tasso di disoccupazione su quello delle ascisse, è la seguente:

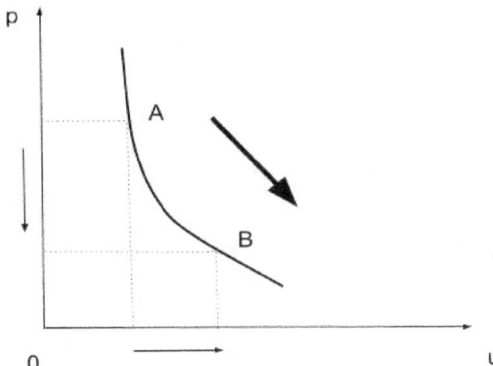

Rappresentando il lavoro come uno dei principali fattori produttivi impiegato per la produzione, la crescita dei salari, aveva osservato Philips, si riflette, indirettamente, sull'aumento dei prezzi dei beni e dei servizi.

Sulla base del principio del costo pieno, infatti, il prezzo p è determinato dal costo del lavoro (il salario monetario), dalla produttività del lavoro e dalla percentuale di ricarico sui costi medi variabili che consente al produttore di ottenere un guadagno dalla vendita del bene o servizio.

Considerando produttività del lavoro e quest'ultimo costanti, il prezzo p (asse delle ordinate del grafico) è funzione del costo del lavoro: un aumento del salario aumenta il prezzo e viceversa. Il tasso di variazione dei salari monetari è, quindi, in correlazione diretta con il tasso di inflazione dei prezzi.

Proseguendo su tale ragionamento, raggiunta la piena occupazione delle risorse si registra un rincaro dei prezzi dei fattori produttivi e del prezzo del lavoro e l'aumento dei costi di produzione spinge poi in avanti il prezzo dei prodotti e dei servizi finali, generando così inflazione (punto A del grafico).
Al contrario, una situazione di sottoccupazione, vale a dire un regime di disoccupazione elevata, spinge al ribasso i salari riducendo indirettamente il prezzo finale dei prodotti e dei servizi (punto B).

Di conseguenza, la curva di Philips ci dice che è possibile tenere in vita un sistema economico caratterizzato da bassa disoccupazione purché si sia disposti ad accettare che i prezzi crescano.

Prezzi e salari che avranno crescita zero, invece, al cosiddetto tasso naturale di disoccupazione u':

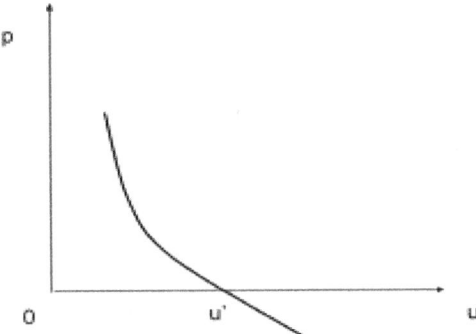

In realtà, le analisi empiriche negli anni sessanta e settanta non sempre erano riuscite a confermare il trade-off disoccupazione-inflazione rappresentato nella curva di Phillips.

In varie serie storiche di medio-lungo periodo si erano osservate congiunture con valori elevati sia dei tassi di disoccupazione e sia del tasso di inflazione e ciò aveva sollevato non poche perplessità sulla validità della curva quale strumento di politica economica.

Per gli economisti della scuola monetarista, che in quegli anni si apprestava a diventare il vero punto di riferimento teorico per ill nascente liberismo, nel lungo periodo le aspettative si adeguano al tasso di inflazione e non vi è proprio alcun legame tra il tasso di disoccupazione e il tasso di inflazione dei prezzi e dei salari.

Il tasso di inflazione, in sostanza, è una variabile indipendente dal tasso di disoccupazione e la curva di Phillips di lungo periodo diventava una retta verticale che interseca l'asse dell'ascisse in corrispondenza del tasso naturale di disoccupazione u'.
Tasso naturale di disoccupazione che, inoltre, è determinato dalla tecnologia e non può essere eliminato.

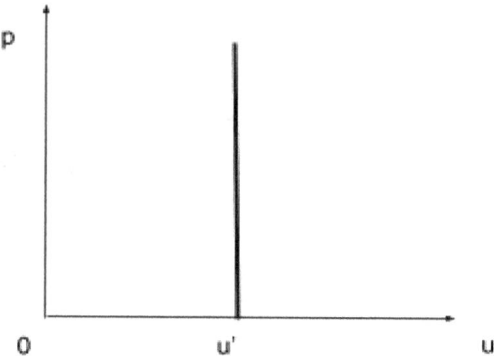

E, rimarcando il ruolo delle aspettative, se le analisi empiriche di breve periodo confermano invece l'esistenza di un trade-off tra tasso di disoccupazione e tasso di inflazione, la curva di Phillips si dimostra in ogni caso inefficace quale strumento previsionale: essa, infatti, tende a traslare in avanti e indietro sulla base delle variazioni delle aspettative di inflazione anche nel breve termine e, quindi, non è stabile come si pensava negli anni cinquanta e non può essere adoperata per formulare delle politiche economiche.

Al di là del massacro teorico della curva di Philips, negli anni successivi, come anticipato, il persistere di un'elevata inflazione, alimentata dalle caratteristiche proprie dell'economia italiana, oltre che dall'internalizzazione nelle aspettative degli operatori economici di continui aumenti di prezzi, gli obiettivi di politica economica mutarono notevolmente e a fine decennio, con l'esplosione del secondo shock petrolifero del 1979, quello principale divenne la lotta all'inflazione.
Un obiettivo solo apparentemente riduttivo, in quanto nella realtà si trattava di perseguire la tutela del potere

d'acquisto di famiglie e imprese, di consentire la
pianificazione delle spese e degli investimenti senza che la
corsa dei prezzi e la perdita del valore reale dei soldi
obbligassero a rivedere continuamente le stime effettuate,
di avere certezze contabili per lo Stato e ricorrere il meno
possibile a correzioni e aggiustamenti che aggravassero la
situazione finanziaria dello stesso, ma che non sempre è
stato supportato da risposte legislative adeguate di
medio-lungo periodo.
Di seguito l'andamento dell'inflazione italiana dagli anni
cinquanta al 2020 (da inflation.eu):

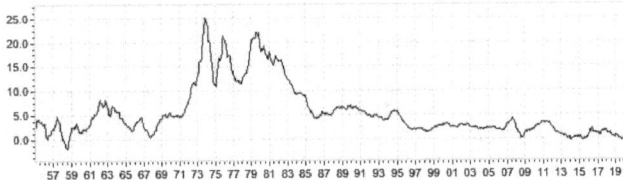

Dalla rappresentazione grafica dell'inflazione storica in
Italia, dove l'indice dei prezzi al consumo (CPI) di
dicembre viene confrontato con quello del dicembre
dell'anno precedente, si può notare l'elevato livello di
inflazione che dalla crisi del 1973 si protrae fino alla prima
metà Ottanta.

Nel 1981, attraverso il divorzio tra il Tesoro e Banca d'Italia
si decise di abbandonare il regime monetarista liberando
quest'ultima dal vincolo dell'acquisto dei titoli del debito
non collocati dal primo sui mercati.

Si trattò di un passo decisivo verso la lotta all'inflazione e,
decadendo la monetizzazione del debito, si riuscì a limitare
la corsa al rialzo dei prezzi.
Si registrò però un notevole aumento della spesa per gli
interessi, bassi nel decennio precedente, con il debito
pubblico che, nonostante le politiche fiscali adottate per la

stabilizzazione del ciclo economico, si mosse immediatamente dal 50 al 65% del PIL.

Il ricorso a politiche fiscali irresponsabili, fin troppo spesso improduttive e davvero ingiustificabili, se non per muovere denaro pubblico senza che le aree e i comparti destinatari ne ricevessero davvero benefici, innescò poi una vera e propria esplosione del debito, che raggiunse picchi spaventosi senza che si registrasse mai una vera e propria crescita, cosicché il rapporto debito/PIL in poco meno di venti anni raddoppiò.

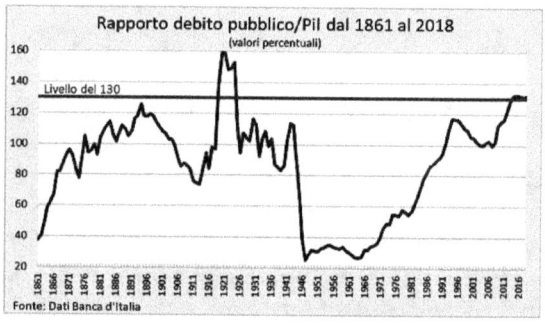

Eppure stiamo parlando di un periodo di grandi privatizzazioni, importanti dismissioni di cespiti pubblici, abbandono del meccanismo della scala mobile e tanti altri provvedimenti che avrebbero dovuto generare importanti entrate nelle casse pubbliche e razionalizzare la spesa. Peccato che, come accennato, spesso essi siano stati accompagnati di fatto da cospicui esborsi da parte dello Stato col fine di favorire l'ingresso di determinati soggetti privati in comparti dove fino ad allora operava, esclusivamente o quasi, lo stesso Stato senza nemmeno essere in grado, economicamente e non solo, di poter poi gestire le aziende e i patrimoni acquisiti, a cui si affiancano spese anche meno celate di natura clientelare, avvio di opere mai completate e, in generale, da tutto quello sperpero di denaro pubblico che non ha generato crescita e che pesa tuttora sull'economia italiana, tant'è che la vulnerabilità del Paese alla speculazione sui debiti sovrani esplosa poi con la crisi del 2008-2010 è la principale diretta conseguenza dell'onere del debito pubblico che l'Italia si portava dietro da quegli anni.

Potrebbe, infine, sembrare un paradosso il fatto che l'aumento del debito inizi ad accelerare proprio quando la politica abbandona di fatto le politiche di stabilizzazione e di sostegno all'occupazione per concentrarsi sulla risoluzione di problematiche quali l'inflazione negli anni ottanta e il debito pubblico dalla seconda metà degli anni novanta in poi, ma in realtà parlando di sostenibilità del debito all'inizio di questo libro abbiamo anche sottolineato quanto sia importante la crescita economica.
E se una delle prerogative della politica è quella di dare manforte alla crescita economica, anche sostenendo l'occupazione, specie nelle fasi di ciclo economico negativo, adottando politiche del tutto opposte come è stato fatto dal nostro Paese c'è poco da meravigliarsi se il peso del debito sia diventato ancor più asfissiante e si sia rimasti impigliati nella morsa della recessione.

4.2 Politiche monetarie dell'Unione europea nel corso della recente crisi economica

Con il crack finanziario del 2008 e la successiva crisi dei debiti sovrani, oltre a riproporsi il grave problema dell'eccessiva vulnerabilità dei Paesi con elevato debito pubblico e bassissima crescita economica, sono emersi tutti i limiti della governance dell'Unione Europea.

D'altra parte, all'introduzione di una valuta unica non ha fatto seguito quella di politiche economiche altrettanto uniformi tra i vari membri dell'unione Monetaria, cosa peraltro abbastanza comprensibile se si pensa che rinunciando alla moneta, ponendo fine alla guerra dei cambi, lo strumento principe per l'esercizio della sovranità economica, e di competizione all'interno dell'Unione, è rimasto quello delle politiche fiscali e il veto di tanti Paesi europei sul mettere mano su di queste, o almeno soltanto discuterne, è stato una costante in questi anni.

I criteri di ccoordinamento inizialmente introdotti con l'introduzione della moneta comune, ricordiamolo, si limitavano a fissare parametri di stabilità dei bilanci pubblici che i Paesi membri dell'eurozona avrebbero dovuto rispettare, vale a dire un rapporto deficit/PIL non superiore al 3% un rapporto debito/PIL non superiore al 60% o, comunque, convergente verso tale soglia, e la recessione ha richiesto diverse modifiche da parte dell'UE a tale assetto fondato esclusivamente sui parametri di Maastricht.

Modifiche finalizzate ad introdurre meccanismi per rafforzare il cooordinamento delle politiche economiche tra i membri, la sorveglianza del rispetto dei parametri di bilancio e strumenti di garanzia per soccorrere gli Stati in crisi.

(da tgcom24.mediaset.it)

Un primo importante intervento per perseguire una maggiore armonizzazione delle politiche economiche all'interno dell'UE è rappresentato dall'introduzione, nel 2011, del **semestre europeo**, un ciclo di coordinamento delle politiche economiche e di bilancio ex ante che si concentra sul periodo di sei mesi dall'inizio di ogni anno.

Il semestre europeo si articola intorno a tre nuclei di coordinamento della politica economica:

- riforme strutturali, con particolare riguardo alla promozione della crescita e dell'occupazione in linea con la strategia Europa 2020;
- politiche di bilancio, con l'obiettivo di garantire la sostenibilità delle finanze pubbliche in linea con il patto di stabilità e crescita;
- prevenzione degli squilibri macroeconomici eccessivi.

Il Consiglio europeo elabora inizialmente le linee guida da seguire nelle politiche di bilancio.

Ciascun paese membro successivamente, tenendo conto delle indicazioni delle istituzioni europee, presenta il proprio piano di politiche di bilancio alla Commissione europea, la quale elabora per ogni stato le raccomandazioni più idonee.

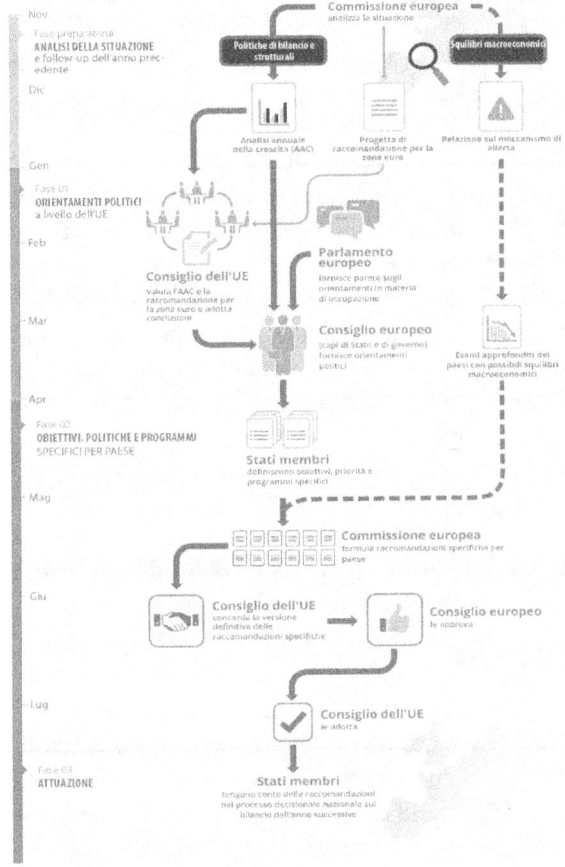

Nov

Fase preparatoria
ANALISI DELLA SITUAZIONE
e follow-up dell'anno precedente

DIC

Gen

Fase 01
ORIENTAMENTI POLITICI
a livello dell'UE

Feb

Mar

Apr

Fase 02
OBIETTIVI, POLITICHE E PROGRAMMI
SPECIFICI PER PAESE

Mag

Giu

Lug

Fase 03
ATTUAZIONE

Il ciclo ricomincia verso la fine dell'anno, quando la Commissione traccia un quadro della situazione economica nella sua analisi annuale della crescita per l'anno successivo.

Consiglio dell'Unione europea
Segretariato generale

© European Union 2017.
Riproduzione autorizzata con citazione della fonte

205

Un secondo fondamentale passaggio in tale direzione è rappresentato dalla doppia riforma del Patto di Stabilità e Crescita, PSC, nel 2011 e nel 2013 mediante l'introduzione di una serie di atti legislativi e regolamenti comunitari contenuti in due pacchetti denominati, rispettivamente, Six pack e Two pack.

La direttiva e i cinque regolamenti deliberato tra l'8 e il 16 novembre 2011 facenti parte del **Six pack** hanno come obiettivo dichiarato quello di stabilizzare e armonizzare le politiche fiscali in un'ottica di lungo termine, inserire meccanismi di trasparenza nella formulazione delle politiche di bilancio, rendere più severa l'applicazione di sanzioni per i Paesi che disattendono i vincoli di bilancio e obbligare i paesi membri a convergere alle regole sul pareggio di bilancio.

In particolare, il complesso di norme stabilisce:

- l'obbligo per gli Stati membri di convergere verso l'obiettivo il pareggio di bilancio con un miglioramento annuale dei saldi pari ad almeno lo 0,5%;
- l'obbligo per i Paesi il cui debito sfora il 60% del PIL di adottare misure idonee alla sua riduzione ad un ritmo soddisfacente, nella misura di almeno 1/20 della eccedenza rispetto alla soglia del 60%, calcolata nel corso degli ultimi tre anni. Vincolo, quest'ultimo, che sarà poi ripreso nel Fiscal Compact;
- un semi-automatismo delle procedure per infliggere le sanzioni ai Paesi che violano le regole del Patto. Le sanzioni sono infatti raccomandate dalla Commissione e si considerano approvate dal Consiglio a meno che esso non la respinga con voto a maggioranza qualificata, la cosiddetta

"maggioranza inversa", degli Stati dell'eurozona al netto del voto dello stato interessato.

Per gli Stati che registrano un disavanzo eccessivo è stabilita l'applicazione di un deposito non fruttifero pari allo 0,2% del PIL realizzato nel'anno precedente, convertito in ammenda nel caso di inosservanza della raccomandazione di correggerlo.

Le due proposte di regolamento del 23 novembre dello stesso anno formalizzati poi nel 2013 e denominati **Two pack** mirano a completare e rafforzare il Six pack, rendendo più efficaci sia la procedura del semestre europeo, sia la parte preventiva e correttiva del Patto di stabilità e crescita, con l'obiettivo di rafforzare la sorveglianza ex ante sui Paesi con un elevato debito pubblico e su quelli che usufruiscono dei pacchetti di assistenza finanziaria.

Il primo regolamento Two pack (n.473/2013) definisce infatti una procedura per la vigilanza rafforzata da parte della Commissione UE sugli Stati membri che affrontano o rischiano di affrontare gravi difficoltà di tipo economico-finanziarie o che ricevono assistenza finanziaria dal Fondo europeo di stabilizzazione dell'eurozona (FESF), dal Fondo monetario internazionale (FMI) o da altre istituzioni finanziarie internazionali.
Finalità esplicite della vigilanza rafforzata sono quelle di scongiurare il potenziale effetto di contagio in tutta l'eurozona della crisi del debito sovrano del Paese in difficoltà, sull'esempio di quanto accaduto con la crisi della Grecia, e di assicurare un rapido ritorno alla normalità a quest'ultimo.

Sulla base del secondo regolamento (n.472/2013) i Paesi dell'area euro devono:

- pubblicare i propri programmi di bilancio a medio-termine, basati su previsioni macroeconomiche fornite da un organismo indipendente;
- presentare entro il 15 ottobre il progetto di bilancio per l'anno successivo:
- approvare la legge di bilancio annuale non più tardi del 31 dicembre;
- istituire un ente di controllo del bilancio indipendente per il monitoraggio del suo andamento..

La Commissione, qualora ritenga il progetto di bilancio di uno Stato membro non conforme agli obblighi imposti dal Patto di stabilità e crescita, può chiedere, entro due settimane dalla ricezione del progetto, la presentazione di un progetto di bilancio rivisitato.
Al termine dell'esame del progetto di bilancio, entro e non oltre il 30 novembre di ogni anno, la Commissione può adottare, se necessario, un parere sul progetto stesso, da sottoporre alla valutazione dell'Eurogruppo.

Con il patto **Euro plus,** sostenuto inizialmente dal governo francese e da quello tedesco e poi molto rapidamente da altri Paesi dell'eurozona e adottato dal Consiglio Europeo sempre del 2011, gli obiettivi di stabilità finanziaria formalizzati nelle allora proposte di regolamento del Two pack sono stati estesi anche ad altri aspetti strategici quali l'occupazione, la competitività e la sostenibilità dei bilanci statali di lungo termine, con l'obiettivo generale di coordinare le politiche economiche dei Paesi anche sotto questi profili.

Un'ulteriore modifica al Patto di stabilità e crescita, del quale il patto Euro plus pareva dover essere la versione più severa, si ha con il Trattato sulla stabilità, coordinamento e governance dell'Unione economica e monetaria, denominato **Fiscal Compact**, stipulato nel marzo 2012 dai paesi dell'Unione Europea, con l'eccezione della Gran Bretagna e della Repubblica Ceca, ed entrato in vigore il primo gennaio 2013 con il fine di rafforzare la disciplina e il coordinamento delle rispettive politiche di bilancio ed economiche e la governance dell'area dell'euro.

Il Trattato, relativamente ai vincoli di bilancio, riprendendo quanto fissato dal Six pack, sancisce che i Paesi contraenti mantengano, salvo circostanze eccezionali, un bilancio pubblico in pareggio o in avanzo, quantificato da un disavanzo al netto dei fattori ciclici ed accidentali non superiore allo 0,5% del PIL, soglia che viene elevata all'1% nel caso in cui il debito e i rischi connessi alla sua sostenibilità siano particolarmente bassi.

Nel caso caso di scostamenti significativi, i meccanismi di correzione devono attivarsi automaticamente, senza interventi discrezionali da parte delle autorità nazionali, sulla base di disposizioni legislative permanenti e preferibilmente costituzionali da inserire negli ordinamenti interni entro un anno dall'entrata in vigore dello stesso Trattato.
Toccherà alla Corte di giustizia dell'Unione Europea, su indicazione della Commissione o di uno Stato membro, valutare se tali norme siano congruenti con il Trattato e se imporre sanzioni in caso contrario.

In Italia il principio del pareggio di bilancio è stato introdotto tramite la modifica dell'art. 81 della Costituzione.

Inoltre, il Trattato definisce anche alcune indicazioni generali sul coordinamento delle altre politiche economiche ed disposizioni sulla frequenza e sul contenuto delle riunioni periodiche fra i capi di stato o di governo dei paesi dell'eurozona.

Per la verifica del rispetto del vincolo relativo al rientro del debito, vengono adottate tre metodologie di calcolo:

- il backward looking, per il quale la riduzione di 1/20 si compara con la media dei tre anni precedenti al 2015;
- il backward looking corretto per il ciclo, analogo al precedente ma tenendo conto dell'*output gap* (calcolando quindi il PIL corretto per il ciclo);
- il forward looking, per cui si considera la riduzione nei due anni successivi al 2015, calcolando il tasso medio di 1/20 in base ai valori dei tre anni precedenti al 2017.

Le procedure di sanzione si avviano solo se un Paese non rispetta nemmeno una delle tre modalità di calcolo.
Nel caso ciò avvenga, si ha innanzitutto una fase ("braccio preventivo") costituita da avvertimenti, raccomandazioni correttive, piani di rientro nonché dal versamento di importi fino allo 0,2% del PIL a titolo di ammenda, che saranno in seguito restituiti se il Consiglio europeo valuta un miglioramento della politica fiscale del Paese.
Se quest'ultimo caso non si verifica, è prevista una sanzione di ammontare massimo dello 0,1% del PIL.
Comunque, tramite la calendarizzazione del semestre europeo sono automaticamente previste fasi di monitoraggio e di prevenzione degli squilibri macroeconomici, prevalentemente da parte della Commissione europea.

Per quanto riguarda gli strumenti per l'assistenza finanziaria dei Paesi in difficoltà, i cosiddetti fondi salva-stati, nel 2010, per far fronte alla crisi di liquidità della Grecia, furono costituiti l'**European Financial Stabilization Mechanism (EFSM)** e l'**European Financial Stability Facility (EFSF)**.

Gli aiuti agli Stati in difficoltà, ricordiamolo, vigendo la clausola no bail-out all'articolo 125 del trattato sull'Unione (divieto di trasferimenti finanziari tra Paesi), avvengono tramiti prestiti.

L'EFSM era uno strumento finanziario costituito dal Consiglio europeo il 9 maggio 2010, con il fine di fornire sostegno finanziario a ai paesi membri dell'eurozona che ne facciano richiesta per superare situazioni di difficoltà, causate da circostanze eccezionali e al di fuori del loro controllo.

Esso aveva una dimensione complessiva di 60 miliardi di euro e forniva finanziamenti congiuntamente all'EFSF, un fondo intergovernativo creato contestualmente dal Consiglio europeo per integrare il primo.

Entrambi i fondi, che avevano natura temporanea, sono stati sostituiti, nel 2013, dall'European Stability Mechanism (ESM).

I titoli emessi dall'EFSM erano garantiti dal bilancio comunitario, ma a causa della sua dimensione alquanto limitata, e comunque del tutto inadeguata a far fronte alla cirsi del debito sovrano che stava soffocando Grecia, Portogallo ed Irlanda, esso venne prontamente integrato all'EFSF, le cui risorse finanziarie venivano invece raccolte attraverso l'emissione di bond garantiti dagli stati membri in proporzione alla loro quota di partecipazione al fondo. Tra i 440 miliardi di euro di impegni di garanzia degli stati membri disponibili con l'ESF, i 60 messi a disposizione

dalla Commissione europea con l'EFSM ed altri 250 garantiti dal FMI, nelle interpretazioni molto al limite della clausola del no-bailout, l'Unione riuscì a mettere sul piatto corca 750 miliardi di euro ed un primo prestito di 110 miliardi fu attivato per sostenere la Grecia nello stesso 2010.
Successivamente ne fecero richiesta anche l'Irlanda, 85 miliardi, sempre nel 2010, ed il Portogallo, 78 miliardi nel 2011.

EFSM e ESFS, come anticipato, nel 2013 sono stati sostituiti dall'**European Stability Mechanism (ESM)**, più noto in Italia come MES (Meccanismo Europeo di Stabilità), uno strumento permanente di aiuti finanziari, amministrato da un consiglio composto dai ministri delle finanze dei Paesi membri e alimentato da veri e propri versamenti di capitale da parte di questi ultimi.

Istituito con le modifiche apportate all'art. 113 del Trattato di Lisbona deliberate dal Parlamento europeo il 23 marzo 2011 e ratificate dal Consiglio il 25 marzo 2011, è il fondo salva-stati ufficiale cui compete sostenere i Paesi membri che versano in situazioni di crisi e potenziale default.

La sua entrata in vigore, prevista inizialmente per la metà del 2013, è stata anticipata dal Consiglio europeo del 9 dicembre 2011 al luglio del 2012 a causa dell'aggravarsi della crisi dei debiti sovrani e il sempre più acutizzarsi del rischio default delle economie periferiche dell'Unione.
In realtà, tuttavia, l'attuazione della riforma è rimasta sospesa per quasi due mesi in attesa della pronuncia della corte costituzionale della Germania sulla compatibilità del MES con l'ordinamento tedesco. Nodo sciolto il 12 settembre 2012 con la richiesta da parte della corte dell'introduzione di alcune limitazioni atte ad eliminare i

contrasti tra il nuovo organismo e l'ordinamento costituzionale della locomotiva d'Europa.

Le disponibilità monetarie alla sua entrata in vigore ammontavana a 650 miliardi di euro, comprensivi dei quasi 300 miliardi residui dai fondi temporanei istituiti per salvare dall'insolvenza Irlanda e Portogallo.

L'ESM è regolato dalla legislazione internazionale ed ha una propria sede a Lussemburgo.
Per perseguire i propri obiettivi concede prestiti, a tassi fissi o variabili, ai paesi in difficoltà finanziarie e acquista i loro titoli sul mercato primario secondo condizioni piuttosto rigide.
In casi ben definiti può, inoltre, sancire delle sanzioni agli stati che non rispettano le scadenze della restituzione e i proventi di queste confluiranno nello stesso fondo.
É previsto, tra l'altro, che in caso di mancato pagamento da parte di un paese membro del fondo di una qualsiasi parte dell'importo dovuto a titolo di quote da versare esso sarà inibito all'esercizio dei propri diritti di voto per l'intera durata del proprio inadempimento.

Gli Stati membri che ad oggi hanno usufruito del MES sono Cipro, Spagna e Grecia.

Le modalità operative del fondo salva-stati sono definite all'articolo 3 del suo trattato istitutivo.
A fini esemplificativi, il funzionamento del MES si può rappresentare in tre distinte fasi:

- lo Stato membro in difficoltà avanza richiesta di assistenza al Presidente del Consiglio dei governatori del fondo;
- il MES chiede alla Commissione UE di valutare lo stato delle finanze pubbliche del Paese richiedente aiuti e di stabilire il suo fabbisogno finanziario. In

questa fase l'esecutivo comunitario e la BCE (e se necessario il FMI) valutano anche se la crisi Stato richiedente aiuto può contagiare il resto dell'eurozona;

- dopo la valutazione, nell'arco di circa 7 giorni dalla data di presentazione della richiesta formale di aiuto, l'organo plenario del MES decide, in linea di principio, di agire e aiutare con prestiti il Paese in difficoltà.

Viene così avviato il negoziato della Commissione con lo Stato richiedente, la BCE e, quando coinvolto, il FMI che si traduce in un memorandum d'intesa che specifica i parametri e le condizioni che dovranno essere rispettate.

Le decisioni dovranno essere poi adottate dal Consiglio Ue nel rispetto della procedura dei disavanzi pubblici eccessivi. Le decisioni del Consiglio vengono prese a maggioranza semplice o qualificata e godono di immunità giudiziaria.

L'organismo raccoglie i fondi per sostenere i Paesi che ne fanno parte dagli stessi Stati membri e i diritti di voto sono proporzionali alla quota versata da ognuno di essi.

Esso emette titoli e strumenti finanziari e, come anticipato, può acquistare titoli di degli Stati dell'area euro sul mercato primario e secondario.

Può anche raggiungere intese o accordi finanziari con istituzioni bancarie e finanziarie private e coinvolgere queste nel fornire aiuti ai Paesi in difficoltà.

Nel caso di insolvenza di un Paese finanziato nei confronti del MES, questo dovrà essere rimborsato prima dei creditori privati.

L'operato del MES, i membri del personale, i suoi beni e patrimonio, godono dell'immunità giudiziaria nell'interesse dello stesso.
I governatori del fondo, tuttavia, nominano un collegio di revisori esterni indipendente che ha accesso ai libri contabili e alle transazioni dello stesso.
I membri di quest'ultimo sono scelti uno dalla Corte dei Conti Europea e due a rotazione dagli organi di controllo supremo degli Stati membri.

Il MES è gestito da un Consiglio dei Governatori costituito dai ministri delle finanze dell'eurozona oltre che da un Consiglio d'Amministrazione nominato dai Governatori.
Fanno parte del suo board anche un Direttore Generale, dotato di diritti di voto, il commissario europeo agli Affari economico-monetari e il presidente della Banca Centrale Europea, questi ultimi due in veste di osservatori.

Il criterio di ripartizione delle quote di partecipazione al MES tra ciascun Stato membro, secondo l'articolo 11 del trattato istitutivo, è basato sul modello di sottoscrizione del capitale della BCE da parte delle banche centrali nazionali: la quota di partecipazione al MES, nello specifico, è determinata tenendo conto, in pari misura, della popolazione e del Prodotto Interno Lordo dello Stato membro in rapporto alla popolazione e al PIL complessivo degli Stati aderenti al fondo.

Già ai principi del 2018 l'Eurogruppo iniziò a proporre di utilizzare il MES come fondo europeo unico da impiegare non soltanto nelle emergenze di rischio default, ma anche come paracadute finale del fondo di risoluzione unico della banche (RSF), dotandolo così di nuove funzioni e nuovi poteri.

Con questa nuova funzione di backstock esso verrebbe dotato di una linea di credito da 70 miliardi alla quale gli stati potranno accedere qualora i loro fondi nazionali per le risoluzioni bancarie, costituiti con le risorse delle banche e non con fondi pubblici, non risultino sufficienti a scongiurare una crisi del sistema creditizio e a garantire investitori e risparmiatori.

Un'altra novità riguarda l'introduzione di linee di credito precauzionali (molto più serie di quelle attuali in termini quantitativi) adoperabili nel caso la salute finanziaria di un Paese membro venga messa a dura prova da uno shock economico ed esso voglia scongiurare il rischio fondato di precipitare nella morsa della speculazione sui mercati finanziari.

Ma l'elemento di novità più importante riguarda il rispetto del Patto di Stabilità: non sarà più necessario firmare un Memorandum come quello che ha dovuto sottoscrivere la Grecia e che stabiliva condizioni molto rigorose a fronte degli aiuti ricevuti, ma sarà sufficiente firmare una lettera d'intenti nella quale si assicurerà il rispetto dello stesso. Ciò potrebbe rappresentare un problema per i Paesi con un alto livello di indebitamento (e con un'economia che non cresce a ritmo sostenuto), che per accedere ai fondi si ritroveranno a ridurre forzatamente il loro debito.

Tra le ulteriori novità si segnala, infine, quella più controversa, vale a dire la riforma delle Clausole di Azione Collettiva (Cacs) nei casi di eventuali ristrutturazione del debito sovrano di un Paese membro.

Dal 2022, in poche parole, sarà più facile ottenere il via libera da parte degli azionisti per l'approvazione della ristrutturazione di un debito sovrano, perché, dalle attuali

procedure che prevedono una doppia maggioranza, si
passerà ad una deliberazione a maggioranza unica.

Member	ESM Key (%)	Capital Subscription (€bn)	Paid-in capital (€bn)
Austria	2.7644	19.48	2.23
Belgium	3.4534	24.34	2.78
Cyprus	0.1949	1.37	0.16
Estonia	0.1847	1.30	0.15
Finland	1.7852	12.58	1.44
France	20.2471	142.70	16.31
Germany	26.9616	190.02	21.72
Greece	2.7975	19.72	2.25
Ireland	1.5814	11.14	1.27
Italy	17.7917	125.40	14.33
Latvia	0.2746	1.93	0.22
Lithuania	0.4063	2.86	0.33
Luxembourg	0.2487	1.75	0.20
Malta	0.0726	0.51	0.06
Netherlands	5.6781	40.02	4.57
Portugal	2.4921	17.56	2.01
Slovakia	0.8184	5.77	0.66
Slovenia	0.4247	2.99	0.34
Spain	11.8227	83.33	9.52
Total	100	704.80	80.55

Source: ESM website
Note: Paid-in capital refers to the final amount once all of the five instalments have been paid.

4.2.1 Le armi non covenzionali della BCE

Nonostante il groviglio di regole messo in piedi per fronteggiare la crisi scoppiata nel 2008-2010 e i fondi di salvataggio creati d'urgenza e poi riformati e razionalizzati, il ruolo fondamentale nel placare la speculazione sui debiti sovrani è stato esercitato dalla Banca Centrale Europea che, allontanandosi dal proprio ruolo istituzionale di mero garante della stabilità dei prezzi, ha svolto attivamente funzioni di politica monetaria più ampie.

Gli interventi adottati dalla BCE, aggirando in qualche modo i rigorosi paletti fissati dal Trattato UE in merito agli aiuti ai singoli Paesi membri, hanno ricondotti gli spread a livelli tollerabili ripristinando la sostenibilità delle politiche fiscali e sventando una crisi dell'intera eurozona che, grazie all'effetto contagio della speculazione sui debiti sovrani, sembrava non proprio una prospettiva tanto remota.

Il primo strumento non convenzionale adottato dall'istituto centrale con sede a Francoforte fu il **Securities Markets Programme (SMP)**.

Introdotto nel 2010, si tratta di un programma di acquisto sul mercato secondario delle obbligazioni dei Paesi più colpiti dalla crisi finanziaria e i cui rendimenti erano diventati troppo onerosi con l'obiettivo di ristabilire adeguati meccanismi di trasmissione della politica monetaria, così da pervenire ad una stabilità dei prezzi nel medio periodo.

Agli acquisti seguivano infatti operazioni di sterilizzazione, vale a dire di assorbimento dell'equivalente ammontare di liquidità, così da non espandere la base monetaria.

Nel 2011 è stato esteso anche a Italia e Spagna.

Ad esso seguirono interventi miranti soprattutto ad iniettare liquidità nei circuiti bancari.

Nel 2011 la BCE fece ricorso alle **Long Term Refinancing Operations (LTRO)**, operazioni di mercato aperto normalmente utilizzate per la gestione dei tassi di interesse e della liquidità nell'area euro e a cui l'allora presidente Mario Draghi fece invece ricorso straordinario per intervenire direttamente sui mercati.

Lo schema più adoperato per le LTRO è quello delle operazioni "pronti contro termine", basato sull'acquisto o la vendita di un titolo (o bene) con l'obbligo di restituirlo (o riscattarlo) a termine pagando gli interessi pattuiti.

Nella prima operazione, quella del 21 dicembre del 2011, la BCE collocò con un'asta circa 490 miliardi di euro con scadenza 29 gennaio 2015 e tasso di riferimento all'1%, con l'opzione di pagamento anticipato a un anno, presso 523 banche offerenti.

Due mesi dopo, il 29 febbraio 2012, con un'altra asta fornì

alle banche quasi 530 miliardi di euro di liquidità con scadenza al 26 febbraio 2015.

L'obiettivo delle due operazioni di rifinanziamento era di incentivare gli istituti finanziari a espandere il credito, anche acquistando i titoli di stato e normalizzandone quindi i tassi, tuttavia ciò non bastò per contrastare il credit crunch.

Gran parte della liquidità ottenuta, ad onor del vero, fu adoperata dalle banche per riacquistare i propri titoli, anch'essi sotto pressione, e dare più consistenza al proprio capitale in previsione dei maggiori controlli delle autorità bancarie europee circa tale requisito che da lì a poco avrebbero subito in virtù delle nuove normative europee in materia di adeguatezza patrimoniale (introdotte a fine 2010).

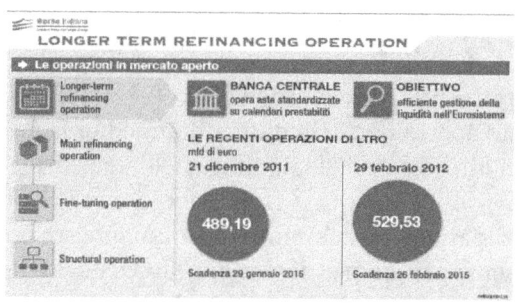

Il 6 settembre del 2012 la Bce allargò il proprio intervento annunciando le **Outright Monetary Transactions (OMT)**, operazioni mirate sui titoli del debito pubblico dei Paesi UE in difficoltà sul mercato secondario fino a tre anni potenzialmente illimitati, ma sottoposti a condizioni dettate da un programma di recupero economico deciso in ambito europeo.

Le OMT, avendo la stessa funzione, sancirono la fine dell'SMP, ma a differenza di queste esse erano concesse soltanto ai Paesi che avevano preventivamente richiesto di usufruire di uno dei fondi salva-stati.

Motivo per il quale, molto probabilmente, le OMT non sono mai state utilizzate, anche se la loro introduzione, con le uscite pubbliche di Draghi a confermare l'impegno assoluto della BCE nell'affrontare la recessione , riuscì a rassicurare i mercati circa le capacità del Vecchio Continente di essere in grado di reggere l'impatto della speculazione internazionale.

Nel 2014 si arrivò alle **Targeted Long Term Refinancing Operations (TLTRO)**, aste mediante le quali erogare prestiti alle banche destinati a finanziare le imprese e le famiglie.

Con le operazioni TLTRO i tassi del finanziamento della BCE alle banche che concedevano prestiti per investimenti nell'economia reale erano pari a zero nelle tranche del 2014 (due operazioni), mentre in quella del 2016 (otto operazioni) sarebbero potute scendere addirittura al −0,40%.

La BCE fissò dei limiti alla capacità delle banche di rifinanziarsi tramite le TLTRO differenziati per le prime due operazioni e per le successive.

Nelle prime due operazioni del 2014 le banche avrebbero potuto chiedere fino al 7% (cumulato) del totale dei finanziamenti concessi a famiglie e imprese non finanziarie in essere al 30 aprile 2014, escludendo i mutui concessi alle famiglie per l'acquisto di abitazioni; nelle altre sei operazioni fino a sei volte i prestiti concessi nell'ultimo anno.

Il rimborso dei finanziamenti derivanti da tutte le

operazioni TLTRO sarebbe avvenuto nel settembre 2018, ma le banche avrevano la possibilità di rimborsare con frequenza semestrale qualsiasi quota degli importi ottenuti in una qualsiasi operazione TLTRO già a partire da 24 mesi dopo la stessa operazione.

Ogni banca sarebbe tuttavia stata obbligata a rimborsare tutti i finanziamenti TLTRO nel settembre 2016 se nel periodo compreso fra il 1° maggio 2014 e il 30 aprile 2016 i suoi prestiti netti eleggibili si sarebbero collocati al di sotto del parametro benchmark definito dalla BCE.

Schematizzando[42]:

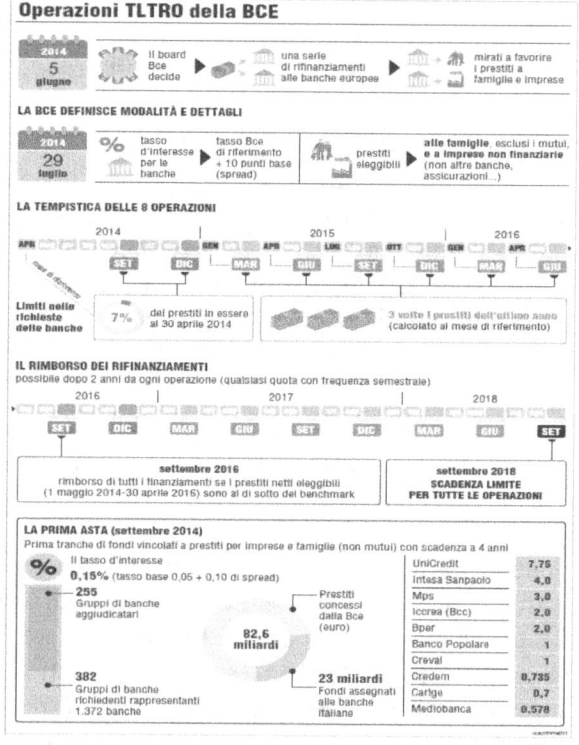

---

[42] https://www.borsaitaliana.it/notizie/sotto-la-lente/bce-192.htm

Tuttavia le aspettative negative di famiglie e imprese, in una fase di profonda recessione, prevalsero sui bassi tassi di interesse e, di conseguenza, nemmeno questo strumento fu in grado di far ripartire l'economia e spingere l'inflazione alla soglia del 2%, valore individuato a quei tempi come segnale di inversione di tendenza.

Inversione di tendenza che però cominciò a ravvisarsi nel mercato del credito, per quanto profondamento variato in termini di importi medi erogati rispetto ai tempi pre-crisi.

A settembre del 2014 la BCE avviò l'**Asset Purchase Programme** (**APP**), un programma di acquisto diretto di asset vari prontamente ridefinito Quantitative Easing (QE), o "alleggerimento quantitativo", come l'allora presidente della Federal Reserve Ben Bernanke, adottando il termine impiegato per la politica monetaria di questo tipo impiegata per la prima volta dal Giappone fra il 2001 e il 2006, aveva indicato le politiche già intraprese dalla banca centrale statunitense poco dopo lo scoppio della Grande recessione e che invece l'UE, decisamente frenata dall'asse del Nord e dalla Germania su tale tipo di soluzione, era restia a replicare, anche solo parzialmente.

Ma deflazione e stagnazione stavano soffocando il Vecchio Continente, le armi non convenzionali adottate dall'Eurotower fino a quel momento, complice la stretta creditizia del sistema bancario, non avevano inciso come ci si auspicava ed anche i paesi più ostili dovettero accettare che la BCE sfoderasse finalmente il "bazooka".

Nell'ambito dell'Asset Purchase Programme, la BCE ha avviato quattro programmi di acquisto di titoli pubblici e privati:

- il terzo Covered Bond Purchase Programme (CBPP3, dal 20 ottobre 2014), per l'acquisto di obbligazioni bancarie garantite(i precedenti erano stati decisi il 2 luglio 2009 e il

3 novembre 2011);

- l'Asset-Backed Securities Purchase Programme (ABSPP, dal 21 novembre 2014), per l'acquisto di titoli emessi in seguito alla cartolarizzazione di prestiti bancari. Le ABS sono infatti titoli derivati, il cui valore si basa su altri strumenti sottostanti emessi a fronte di operazioni di cartolarizzazione.
Come delle normali obbligazioni, pagano delle cedole a scadenze prefissate al detentore determinate sulla base di tassi di interesse fissi o variabili, ma a differenza delle obbligazioni il loro rimborso è legato al perfezionamento della prestazione sottostante.
I piani di acquisto di titoli ABS da parte della Bce hanno interessato, nello specifico, derivati bancari su prestiti concessi alle imprese strutturati in un unico titolo finanziario. Il rimborso di questi titoli («semplici e trasparenti», ha più volte chiarito in questi anni Mario Draghi ricordando il fenomeno "mutui sub-prime") dipende dunque dall'effettivo rimborso da parte delle imprese alle banche dei prestiti sottostanti.

- il Public Sector Purchase Programme (PSPP, dal 9 marzo 2015), per l'acquisto di titoli emessi da governi, da agenzie pubbliche e istituzioni internazionali situate nell'eurozona;

- il Corporate Sector Purchase Programme (CSPP, dall'8 giugno 2016), per l'acquisto di titoli obbligazionari e, da marzo 2020, commercial paper emessi da società non finanziarie dei paesi dell'area dell'euro.

Il piano di alleggerimento quantitativo della Banca Centrale Europea ammontava a 60 miliardi di euro al mese fino a settembre 2016, e comunque finché l'inflazione non si sarebbe stabilizzata a livelli prossimi all'obiettivo fissato del 2%.

Il tetto fissato per gli acquisti era pari al 25% di ciascuna emissione e al 33% del debito pubblico dei paesi emittenti e per quanto riguarda la condivisione del rischio default dell'emittente il programma sanciva che il 20% del rischio legato agli asset acquistati fosse condiviso a livello europeo, mentre l'80% sarebbe dovuto restare a carico delle banche centrali dei rispettivi stati.

Gli acquisti sarebbero stati frazionati sulla base della partecipazione delle banche centrali dei paesi membri al capitale della BCE.

Tra ottobre 2014 e dicembre 2018 l'Eurosistema (BCE e banche centrali nazionali) ha effettuato acquisti netti di titoli secondo un ritmo di mensile che è stato in media di:

- 60 miliardi di euro da marzo 2015 a marzo 2016;
- 80 miliardi di euro da aprile 2016 a marzo 2017;
- 60 miliardi di euro da aprile 2017 a dicembre 2017;
- 30 miliardi di euro da gennaio 2018 a settembre 2018;
- 15 miliardi di euro da ottobre 2018 a dicembre 2018.

Tra gennaio 2019 e ottobre 2019 i pagamenti principali dai titoli in scadenza detenuti nei portafogli Asset Purchase Programme sono stati completamente reinvestiti: il Consiglio direttivo della BCE mirava infatti a mantenere la dimensione dei suoi acquisti netti cumulativi nell'ambito di ciascun programma ai rispettivi livelli alla fine di dicembre 2018.

Il 12 settembre 2019 il Consiglio direttivo ha annunciato la decisione di riprendere gli acquisti netti di titoli nell'ambito dell'APP ad un ritmo mensile di 20 miliardi di euro a partire dal 1° novembre 2019, fino a quando necessario "per rafforzare l'impatto accomodante dei suoi tassi ufficiali e per terminare poco prima che inizi a innalzare i tassi di interesse chiave della BCE".

L'acquisto di titoli di Stato da parte della BCE avrebbe dovuto, in teoria, ridurre il costo del debito degli stati membri e, allo stesso tempo, immette nuova liquidità sui mercati.

Cosa che avrebbe dovuto spingere verso un deprezzamento della valuta comune e un miglioramento dell'export verso i paesi la cui moneta si sarebbe apprezzata nei confronti dell'euro e delle condizioni di accesso al credito da parte delle famiglie e delle imprese.

Obiettivi solo in parte realizzati, e il ritardo con cui si è agito ha avuto un ruolo determinante nel limitare l'efficace delle politiche monetarie non convenzionali tanto volute dal presidente Mario Draghi, ma il QE è stato fondamentale per proseguire sulla via dell'espansione monetaria e provvidenziale per allentare la pressione sul debito sovrano.

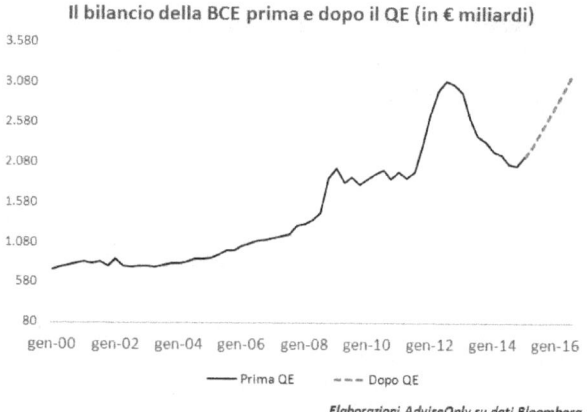

Il bilancio della BCE prima e dopo il QE (in € miliardi)

Elaborazioni AdviseOnly su dati Bloomberg

La riduzione della liquidità nell'UE che si evince dal grafico del bilancio della BCE[43] in corrispondenza del 2013 non dipende da un'intenzionale manovra restrittiva della Banca

---

[43]https://www.adviseonly.com/economia-e-mercati/bce-di-draghi-lancia-qe-cosa-vuol-dire/

Centrale Europea, ma è la conseguenza di quella contrazione dei finanziamenti a famiglie e imprese da parte delle banche commerciali accennata in precedenza e che si è riusciti a contrastare proprio con l'introduzione del QE e la combinazione di tutte le armi non convenzionali adottate dall'Eurosistema.

5. Affidabilità e rischio insolvenza: il rating

Il rating è un giudizio sull'affidabilità di un'azienda, uno
Stato o un ente locale emittente titoli di debito e sul rischio
connesso ai titoli stessi emesso da un'agenzia indipendente
che valuta la solvibilità del soggetto sulla base della sua
capacità di generare risorse per ripagare i sottoscrittori dei
titoli.
Esso indica, quindi, la rischiosità dell'investimento.

L'etimologia del termine rating deriva dal verbo inglese to
rate che siamo soliti tradurre con stimare o valutare.
La valutazione avviene secondo un processo a più fasi in
cui vengono ponderati dati quantitativi e qualitativi al fine
di garantirne agli investitori un riferimento affidabile su
cui orientare le proprie decisioni e i giudizi emessi dalle
agenzie sono espressi mediante caratteri alfanumerici
denominati "credit rating".
Questi, che sono sottoposti a revisione periodica, possono
essere di breve e di medio-lungo periodo a seconda che
riguardino un orizzonte temporale inferiore all'anno o si
riferiscano a un orizzonte superiore ai 12 mesi e la scala

varia a seconda delle agenzie, le più note ricordiamo essere Moody's, Standard & Poor's e Fitch, e va dalla tripla A (affidabilità massima) alla D (default o insolvenza).

È raro che le valutazione di breve e lungo periodo si contraddicano, ma può tuttavia accadere che il rating di lungo termine sia inferiore a quello di breve nel caso in cui l'emittente presenti un'elevata disponibilità di liquidità ma, al tempo stesso, a causa di precisati andamenti del mercato possa andare incontro in futuro a problemi strutturali con conseguente rischio default.

E, salvo errori di valutazione, i giudizi emessi dalle agenzie sono sufficientemente allineati tra loro.

5.1 Le "Big Three"

Sebbene esistano diverse agenzie specializzate[44], l'industria del credit rating è molto concentrata, le più conosciute ed influenti sono sostanzialmente Standard & Poor's, Moody's e Fitch Ratings.

Si tratta di società sviluppatesi agli inizi del '900 che svolgono una funzione di informazione permettendo così di colmare, o quantomeno ridurre, le asimmetrie informative presenti sul mercato, specialmente tra i piccoli investitori. Moody's e S&P hanno dominano il mercato con una quota complessiva di circa l'80%. La quota di Fitch ammonta a quasi il 16%.

Il mercato del rating può essere quindi lecitamente definito come un oligopolio, dove il 95% del business è detenuto dalle tre big che sentiamo spesso citare da giornali e media mentre la restante parte è distribuita tra agenzie minori.

---

[44] https://www.repubblica.it/economia/lemma/agenzie_di_rating-219825066/

Agenzie di rating, come si dividono il mercato in Europa

Agenzia	Quota
S&P Global Ratings	45,26
Moody's Investor Services	32,04
Fitch Ratings	15,1
DBRS Ratings	1,88
The Economist Intelligence Unit	0,86
CERVED Rating Agency	0,82
AM Best Europe Rating Services	0,77
CreditReform Rating	0,51
Scope Ratings	0,28
GBB-Rating	0,28
Euler Hermes Rating	0,2
Assekurata	0,19
CRIF Ratings	0,17
Axesor Rating	0,14
ICAP	0,12
Capital Intelligence Ratings	0,11
ModeFinance	0,1
ARC Ratings	0.06
Spread Research	0,04
Dagong Europe Credit Rating	0.03
BCRA Credit Rating Agency	0,01
INC Rating	0,01
EuroRating	
Rating-Agentur Expert RA GmbH	
European Rating Agency	
KBRA	

Moody's Corporation, fondata a New York nel 1909 da John Moody, è la maggior agenzia su scala mondiale con una quota di mercato del 40%.

John Moody , giornalista economico particolarmente interessato alla trasparenza finanziaria delle aziende, ideò il primo sistema di valutazione dell'affidabilità creditizia delle obbligazioni emesse dalle imprese ferroviarie degli Stati Uniti e da allora il sistema di rating di Moody's s'è costantemente evoluto in risposta alla trasformazione del sistema economico e all'ampliarsi dei mercati finanziari mondiali.

Già nel 1900, con il *Moody's Manual of Industrial and Miscellaneous Securities*, la sua prima valutazione di mercato, John Moody fornì statistiche dettagliate relative ad azioni e obbligazioni di istituzioni finanziarie, agenzie governative, industrie manifatturiere, minerarie, di pubblica utilità e alimentari e la pubblicazione ebbe immediatamente un gran successo, esaurendo la sua prima tiratura nei primi due mesi.

Tre ani dopo il Moody's Manual era una pubblicazione nota a livello nazionale e la società fondata dal giornalista, la John Moody & Company , un punto di riferimento per gli addetti ai lavori.

La crisi finanziaria del 1907 apportò vari cambiamenti nei mercati e nel frattempo Moody era stato costretto a vendere la sua attività per carenza di capitale, ma nel 1909 tornò alla carica con una nuova pubblicazione dedicata esclusivamente alle obbligazioni ferroviarie, *Analysis of Railroad Investments* , e una nuova società, la Moody's Analyzes Publishing Company.

Nel 1962 Moody's Investors Service, il segmento rating di Moody's, fu acquistata da Dun & Bradstreet , società specializzata nel correlato settore del reporting creditizio, continuando comunque ad operare principalmente come società indipendente.

Dal 1970 in poi è un susseguirsi di ampliamento prodotti ed espansione delle attività su scala mondiale e verso la fine degli anni '90 i risultati raggiunti dalla divisione rating spinsero gli investitori a chiedere una netta separazione di Moody's dalla società madre.

Nel dicembre 1999 Dun & Bradstreet annunciò che avrebbe scorporato Moody's Investors Service in una separata società quotata in borsa, operazione completata il 30 settembre dell'anno successivo.

Moody's Corporation è quotata alla Borsa di New York con il simbolo MCO.

Moody's classifica il credit rating degli enti analizzati mediante scale di valutazione standardizzate che variano in funzione dell'orizzonte temporale rispetto al quale la capacità di credito viene valutata.

Moody's assegna anche un rating sulla solidità delle banche (il bank financial strength ratingo - BFSR), una valutazione della sicurezza e solidità intrinseche delle banche che, tuttavia, non esprime la capacità dell'istituto di rimborsare puntualmente i propri investitori, ma piuttosto l'eventualità che la società richieda assistenza a terzi per poter far fronte al proprio debito.

Si tratta di un indice, e di una scala di valutazione elaborata ad hoc, che tiene conto di diversi fattori di rischio propri del contesto operativo degli istituti bancari, quali, ad esempio, la solidità e la potenziale performance dell'economia in cui essi operano, la struttura e i punti di fragilità del sistema finanziario, la qualità della regolamentazione e della vigilanza cui il settore bancario è sottoposto.

Standard & Poor's Corporation (S&P) è un'agenzia di rating americana fondata nel 1941 nota principalmente per i suoi indici di borsa, quali S&P 500 per gli USA, S&P 200 per l'Australia, S&P/TSX per il Canada, S&P CNX Nifty per l'India e S&P/MIB per l'Italia.

Si è soliti far risalire l'origine delle valutazioni di S&P alla pubblicazione del 1860 di Henry Varnum Poor *History of Railroads and Canals in the United States* contenente un dettagliato report sulle informazioni operative e finanziarie di tutte le compagnie ferroviarie attive negli Stati Uniti.

Lo stesso Henry Varnum Poor che si fece promotore dell'obbligo in capo alle aziende di rendere pubblici i loro bilanci ai cittadini e ai potenziali investitori, un'iniziativa che spinse il figlio Henry William, insieme all'analista finanziario Luther Lee Blake, a creare degli indici finanziari trasparenti.

S&P non è quotata in borsa, mentre lo è McGraw-Hill, il colosso dell'informazione finanziaria che ha acquistato l'agenzia nel 1966.

Standard & Poor's classifica la capacità di credito usando
scale di valutazione standardizzate diverse in funzione
dell'orizzonte temporale rispetto al quale la capacità viene
valutata ed esprime ogni anno circa 870.000 giudizi
analizzando complessivamente un'esposizione debitoria di
35.000 miliardi di dollari, più del doppio del Pil degli USA.

Fitch Ratings è un'agenzia internazionale di rating fondata
nel 1913 a New York da John Knowles Fitch.
Ha due quartieri generali, uno a New York e uno a Londra,
è la più piccola delle tre grandi agenzie di rating pur
risultando da una lunga serie di acquisizione e il suo
giudizio viene spesso usato come ago della bilancia quando
le altre due principali agenzie hanno valutazioni simili, ma
non uguali.

Anche Fitch classifica la capacità di credito usando scale di
valutazione standardizzate diverse in funzione
dell'orizzonte temporale rispetto al quale la capacità viene
valutata.

Una rappresentazione semplificata della scale di giudizio delle tre principali agenzie di rating[45]:

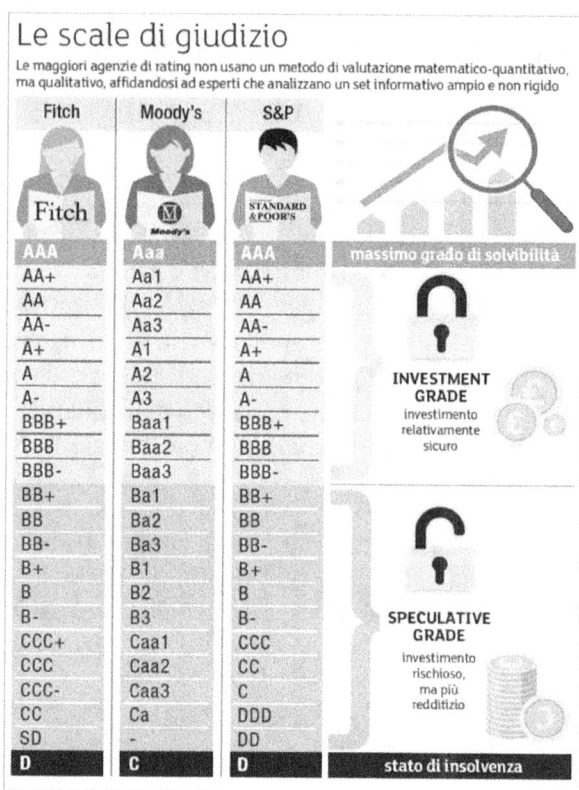

[45] https://www.borsaitaliana.it/notizie/sotto-la-lente/rating.htm

5.2 La valutazione di merito del credito

Per emettere un giudizio (assegnare un rating) sulla qualità del debito di un emittente (rating di credito) l'agenzia segue una procedura che parte dall'analisi dei suoi fondamentali economico-finanziari per passare poi all'analisi di bilancio in tutte le sue componenti, in modo da costruire indicatori sulla sua redditività, capacità di produrre reddito e remunerare il capitale, i flussi di cassa, i rapporti tra mezzi propri e indebitamento, etc.
I parametri ricavati vengono successivamente confrontati con quelli degli altri soggetti emittenti operanti nello stesso settore dov'è presente il soggetto analizzato: è dunque necessario valutare anche il settore e l'andamento del mercato di riferimento.

Nelle analisi le agenzie devono ponderare anche fattori qualitativi come l'affidabilità e le capacità tecniche del management dell'azienda (o dell'ente), la credibilità dei progetti deliberati e gli obiettivi che l'emittente si è imposto.

Per tali tipologie di esami l'azienda (o l'ente) analizzata deve mettere a disposizione dell'agenzia di rating tutte le informazioni e i documenti necessari ad essa per formulare il proprio giudizio.

Gli analisti devono inoltre consultare la cosiddetta "Centrale dei rischi" e monitorare tutti i movimenti di denaro e le attività del soggetto emittente, incontrare i vertici e valutare il suo operato, elaborando una relazione preliminare da sottoporre al vaglio di un organismo collegiale, il comitato del credito, il quale, basandosi su questa relazione, esprimerà una valutazione, un giudizio che renda nota la soddisfazione o meno dell'agenzia circa le performance passate o delle potenziali future prestazione della società in questione.
L'osservazione dei risultati conseguiti grazie alle decisioni adottate in passato o la previsione degli effetti che le decisioni del presente potranno avere sul futuro rappresentano, infatti, elementi chiave per l'analisi della società e per la sua corretta valutazione.

A questo punto l'agenzia comunica il giudizio elaborato, in forma privata, alla società interessata, che potrà rivolgersi in appello chiedendo una nuova analisi ed una nuova valutazione da parte dell'organismo collegiale. Per farlo dovrà, tuttavia, fornire elementi aggiuntivi.

Alla fine, dopo l'eventuale seconda deliberazione, il rating espresso dall'organismo collegiale dell'agenzia di è inoppugnabile è viene comunicato all'emittente assieme alla relativa analisi.

Se l'emittente decide di procedere alla pubblicazione, il rating viene diffuso tramite comunicato stampa ai principali mezzi di informazione finanziaria internazionali. E' prassi delle agenzie pubblicare il rating prima di un'eventuale emissione obbligazionaria per supportare gli investitori nelle decisioni di investimento.

Uno schema semplificato della metodologia adottata da S&P[46]:

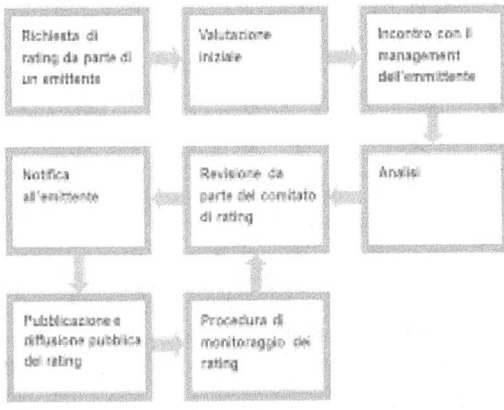

[46]https://www.spratings.com/documents/20184/86990/Come%2BFunziona%2Bl
l%2BProcesso%2BDi%2BRating%2BE%2Bll%2BMonitoraggio/781d85ba-e620-4d
cd-bbfc-8a847a79bdb5

5.3 Come si legge il rating

Il rating viene assegnato secondo una scala i cui indicatori cambiano da agenzia a agenzia, ma sempre sulla base di una serie alfanumerica.

I giudizi di Moody's spaziano tra Aaa, il migliore, e C, a segnalare un altissimo rischio di insolvenza, e da P-1 a NP per il breve periodo.

Quelli di Standard & Poor's vanno da un massimo di AAA, grado di solvibilità più elevata, fino a D, che indica un'evidente situazione di insolvenza, mentre per il breve da A1 a C.

Fitch ha un rating simile a quello di S&P per il lungo periodo, mentre nel breve assegna valori da F1-F3 per la categoria investimento e da B a D per la categoria speculativa.

Di seguito una tabella di comparazione[47] delle scale di rating utilizzate dalle tre principali agenzie:

Moody's		S&P		Fitch		
Lungo termine	Breve termine	Lungo termine	Breve termine	Lungo termine	Breve termine	
Aaa		AAA		AAA		*Prime* Massima sicurezza del capitale
Aa1		AA+	A-1+	AA+	F1+	*High grade* Rating alto, qualità più che buona
Aa2	P-1	AA		AA		
Aa3		AA-		AA-		
A1		A+	A-1	A+	F1	*Upper medium grade* Rating medio-alto. Qualità media
A2		A		A		
A3	P-2	A-	A-2	A-	F2	
Baa1		BBB+		BBB+		
Baa2	P-3	BBB	A-3	BBB	F3	*Lower medium grade* Rating medio-basso. Qualità medio-bassa.
Baa3		BBB-		BBB-		
Ba1		BB+		BB+		*Non-investment grade speculative* Area di non investimento. Speculativo.
Ba2		BB		BB		
Ba3		BB-	B	BB-	B	
B1		B+		B+		*Highly speculative* Altamente speculativo.
B2	Not prime	B		B		
B3		B-		B-		
Caa1		CCC+				*Substantial risks* Rischio considerevole.
Caa2		CCC	C	CCC	C	*Extremely speculative* Estremamente speculativo.
Caa3		CCC-				
Ca		CC				*In default with little prospect for recovery* Rischio di perdere il capitale.
		C				
C				DDD		*In default* In perdita.
/		D	/	DD	/	
/				D		

Le obbligazioni considerate meno rischiose rientrano nella categoria di investimento, mentre quelle con rating inferiore a Baa per Moody's e BBB- per S&P e Fitch in quella speculativa e sono spesso denominate junk bonds.

Viene inoltre usato il termine *outlook* per indicare la potenziale tendenza di un rating nel medio termine, tipicamente da 6 mesi a due anni.

---

[47]https://confrontaconti.ilsole24ore.com/guida-rating/agenzie-di-rating.aspx?ref resh_ce=1

Un outlook può essere stabile, negativo o positivo e non necessariamente è sintomo di una variazione del rating di upgrade (verso A) o downgrade (verso la D), ma rappresenta comunque un'informazione aggiuntiva per gli investitori circa le possibili evoluzioni del merito di credito.

Per fare un esempio concreto su come leggere i giudizi sulla solvibilità del debito di un'agenzia di rating osserviamo quelli di Standard & Poor's[48], che, come anche tutte le altre agenzie, sviluppa l'analisi sotto due profili temporali diversi.

Nelle valutazioni di lungo termine il giudizio più elevato è AAA, che indica una capacità molto sostenuta dell'emittente di far fronte ai pagamenti; segue AA, indicante un rischio associato all'emittente molto basso e una sua alta capacità di onorare il debito, seguito a sua volta dalla A, che sta ad indicare emissioni poco rischiose e redditività dell'emittente sufficientemente elastica alle dinamiche congiunturali.

Si passa poi alla tripla B, che sta ad indicare emissioni obbligazionarie caratterizzate da adeguati parametri protettivi ma che in presenza di avverse condizioni economiche potrebbero presentare difficoltà nei pagamenti, a BB, che sancisce il passaggio dal campo *investment grade* a quello *speculative grade*, dove rappresenta il livello più sicuro (titoli piuttosto sensibili alle variazioni delle condizioni economiche o legate al rischio finanziario d'impresa).
B rileva, invece, che al momento del giudizio l'emittente riesce a coprire i pagamenti connessi al debito, ma ciò in futuro potrebbe essere pregiudicato da avverse condizioni economiche o dal mutamento di fattori specifici

---

[48] Pillole di finanza: mercato dei capitali - mercato monetario - debito pubblico, a cura di Marco Notari ,Independently published (8 maggio 2017)

all'impresa; CCC indica rischi di non onorabilità dei pagamenti permanenti che potrebbero perdurare nel tempo, CC che le obbligazioni emesse presentano rischi di insolvenza e C che potrebbe avviarsi anche una procedura fallimentare anche se il flusso corrente dei pagamenti è al momento regolare.

A chiudere la scala D, indicante una situazione di insolvenza dell'emittente. Viene assegnato quando i pagamenti non avvengono regolarmente alla scadenza prevista, anche se non è terminato il periodo di proroga.

Per specificare meglio la classificazione, i giudizi da AA a CCC potrebbero avere associato anche un "+" o un "-".

Nelle analisi di breve periodo troviamo, nel campo investment grade, il rating A-1, che indica un ridotto rischio di insolvenza, A-2, ad indicare che la capacità dell'emittente di far fronte al debito è molto alta, ma anche che si evidenzia una leggera vulnerabilità alle variazioni dello scenario, e A-3, per il quale ci sono adeguati parametri di protezione al rischio ma anche una certa vulnerabilità al mutamento delle condizioni specifiche d'impresa o del quadro economico generale.

Con B si passa al campo speculative grade: al momento del giudizio l'emittente può far fronte agli impegni finanziari ma vi è incertezza riguardo al futuro. C indica che il flusso dei pagamenti è piuttosto vulnerabile alle dinamiche congiunturali e il rischio di insolvenza dipende sia da rischi specifici d'impresa sia da mutamenti del quadro economico generale. Chiude la scala D, che indica lo stato di default finanziario dell'emittente e la possibilità che sia già stata avviata una procedura fallimentare.

5.4 I rating sovrani

Il rating sovrano (*sovereign credit rating*) è una valutazione sul merito di credito di una nazione o di un'entità sovrana.

I rating sovrani forniscono ad investitori e operatori dei mercati informazioni sul livello di rischio relativo all'investire in uno Stato, includendo anche il rischio politico.

In tale ottica, il rischio di credito di uno stato riguarda la possibilità che l'ente sovrano non riesca a ripagare i propri creditori, vale a dire i titolari dei titoli obbligazionari emessi, dichiarando così lo stato di default.

Gli approcci seguiti per l'emissione dei rating sovrani differiscono da quelli emessi per altri debitori per tutta una serie per via di una serie di peculiarità tra cui ricordiamo:

- la capacità dell'ente sovrano di ridurre le spese o apportare modifiche al sistema di tassazione al fine di generare le risorse in grado di finanziare il debito;
- la libertà di imporre la risoluzione del debito e di allentare la stretta sui beni reali o finanziari concessi in garanzia del puntuale pagamento di esso;

- l'alta probabilità di sopravvivere anche in seguito a un evento di default.

La metodologia adottata, ad esempio, da Moody's[49] per la valutazione dei rating sovrani si basa sull'interazione tra quattro indicatori chiave (factors): la **solidità economica**, la **forza istituzionale**, la **solidità fiscale** e la **sensibilità ad eventi di rischio**.

Questi vengono stimati coinvolgendo una serie di parametri (sub-factors) il cui peso ponderato ne decreta l'influenza sul risultato finale.

Per la valutazione dei parametri vengono prese in considerazione diverse fonti internazionali come il Fondo Monetario internazionale (FMI), l'Organizzazione per la Cooperazione e lo sviluppo Economico (OCSE), la Banca Mondiale, la Commissione Europea e la Banca dei Regolamenti Internazionali (BIS).

Alcuni indicatori, in particolare quelli riguardanti le stime sui parametri relativi alla stabilità politica e il debito esterno, richiedono una valutazione da parte degli analisti di Moody's sulla base di dati forniti dalle fonti nazionali del paese preso in esame.

- **La solidità economica**. Si tratta di un indicatore chiave (factor) che, prendendo in considerazione parametri quali la crescita potenziale del PIL, la competitività, il reddito nazionale e la diversificazione, risulta importante per determinare la capacità di recupero dell'economia del paese analizzato e la sua capacità di assorbire gli shock.

La capacità di uno Stato di ripagare il proprio debito e generare ricchezza dipende tanto, infatti, da quanto viene

---

[49]https://www.moodys.com/researchandratings/market-segment/sovereign-sup ranational/-/005005?tb=0&type=Methodology

sostenuta la crescita economica. La mancanza di solidità economica è risultata in passato un fattore decisivo nel determinare il default di alcuni stati sovrani e le economie diversificate di ampie dimensioni sono risultate più idonee a resistere agli shock esterni rispetto alle piccole economie non diversificate.

I principali parametri (sub-factors) presi in considerazione dagli analisti di Moody's sono:

a) Le dinamiche della crescita.

Prospettive di crescita limitate impediscono il rifinanziamento del debito, incrementandone l'onere. Viceversa, sovente è accaduto che Stati con una crescita forte e sostenuta sono stati capaci di gestire un'elevata esposizione debitoria e incrementi nel rapporto debito/PIL provocati da shock macroeconomici o crisi bancarie.

Per la stima di tale parametro si prendono in considerazione i dati recenti e l'outlook di medio termine per la crescita reale del PIL, la volatilità del tasso di crescita recente, la competitività e l'innovazione stimate utilizzando l'indice globale di competitività del World Economic Forum (WEF). I dati utilizzati per la stima di quest'ultimo non sono completi e per integrarli viene utilizzato come indicatore il punteggio sull'efficienza del governo stimata dai Worldwide Governance Indicator (WGI) della Banca Mondiale. Da ciò si evince che l'idea di base è che un buon governo solido e forte è essenziale per migliorare la competitività, poiché innesca effetti positivi su diverse variabili economiche.

b) Le dimensioni dell'economia.

Si tratta di un parametro determinante per il merito di credito. Un'economia di grandi dimensioni e diversificata abbiamo detto avere una maggiore capacità di generare ricavi stabili e sufficienti per gestire il debito sovrano e l'indicatore chiave per misurarla è il suo PIL nominale.

c) Il reddito nazionale.

Un reddito elevato è correlato in gran parte dei casi ad una bassa probabilità di default. Esso è espresso in PIL pro-capite misurato a condizione di parità di potere d'acquisto.

d) Il parametro di aggiustamento.

Ogni indicatore chiave presenta un parametro di aggiustamento, che può prendere in considerazione diverse situazioni particolari, quali:

1) il *credit boom*, fattore molto importante in quanto un'eccessiva crescita del credito spesso non può essere sostenuta e allo stesso tempo può distorcere il reale valore dei parametri utilizzati per stimare l'indicatore chiave. L'agenzia di rating prima di tutto calcola la probabilità che la crescita del credito sia eccessiva e non sostenibile, ciò generalmente in presenza di una crescita prossima a due volte il valore nominale del PIL. In secondo luogo, stima la potenziale intensità che avrebbe un qualunque evento finanziario, considerato l'elevato stock di credito interno in percentuale del PIL. Al termine delle due fasi, se ritenuto opportuno, l'indicatore della solidità economica viene diminuito.

Il fattore di aggiustamento per i credit booms può, ovviamente, solo causare una variazione negativa al punteggio stimato per l'indicatore;

2) la dimensione inusuale delle economie degli stati, quando esse sono o eccessivamente grandi o molto piccole. In tali casi potrebbe verificarsi o una sottostima o una sovrastima di esse rispetto agli altri stati oggetti di valutazione. Sono situazione in cui gli analisti dovranno valutare caso per caso se il peso della dimensione atipica favorisca o freni la crescita economica, sia in grado di mitigare o alimenti la volatilità del prezzo dei titoli obbligazionari e possa garantire o meno entrate certe e adeguate;

3) la ricchezza inusuale. Nei casi di condizioni di estrema

povertà o ricchezza di uno stato rispetto agli altri oggetto di valutazione il modello potrebbe sotto o sovrastimare la solidità economica dello stesso. Anche il questo caso, come per il precedente, gli analisti di Moody's dovranno effettuare delle valutazioni caso per caso;

4) l'inusuale concentrazione delle commodities. Si tratta di quelle situazioni in cui un'elevata dipendenza economica da un singolo prodotto o servizio, espressa come percentuale del PIL, potrebbe implicare una variazione negativa sulla valutazione. Più le entrate di uno stato o la crescita del suo PIL sono fortemente dipendenti dalla produzione e l'esportazione di un determinato prodotto o servizio, più elevata risulta l'esposizione verso uno shock inaspettato della domanda di quel beni o servizio. Il rischio associato alla concentrazione delle commodities diminuisce quando un paese ha un'economia legata ad un insieme di prodotti e servizi diversificati, i cui prezzi siano poco correlati tra essi. Nel caso non sia così, allora la valutazione sulla solidità economica verrà diminuita.

- **La forza istituzionale**. É un indicatore chiave in quanto rappresenta l'influenza che le istituzioni di un paese hanno sull'effettiva capacità di ripagare il proprio debito. Per Moody's quasi un terzo dei defaults del passato sono fortemente collegati alla debolezza politica e istituzionale degli stati insolventi, che s'è manifestata con l'incertezza politica, la pessima gestione delle finanze pubbliche, problemi amministrativi e, in generale, inefficienza della pubblica amministrazione.

La valutazione della forza istituzionale non dipende dalla forma di governo e i principali sub-factor presi in considerazione dagli analisti per costruire tale indicatore sono:

a) La cornice istituzionale e l'efficienza.

Si tratta di due parametri che vengono stimati tenendo

conto dei Worldwide Governance Indicators, come ad esempio il Government Effectiveness, che valuta la qualità dell'attività burocratica e dell'amministrazione, oltre ad altre caratteristiche tra le quali spicca l'indipendenza della pubblica amministrazione dall'influenza politica, il Rule of Law, che misura l'esecuzione dei contratti, i diritti di proprietà, l'indipendenza del potere giudiziario e la fiducia nel sistema giuridico, e il Controllo della corruzione, che stima la misura in cui il potere pubblico è piegato all'ottenimento di guadagni personali.

b) La credibilità e l'efficienza delle politiche.
Sono due parametri per la cui stima gli analisti si concentrano sulla credibilità della banca centrale e il suo ambito di intervento, oltre che sulla misurazione dell'inflazione quale collegamento per stabilire l'efficienza e la credibilità delle politiche. Gli scenari di alta inflazione sono spesso segnali di instabilità economica e politica, tenuto conto che l'inflazione agisce come la più iniqua delle tasse, in quanto il suo impatto colpisce principalmente le classi meno abbientipiù povere e la sua volatilità è indice della scarsa forza della banca centrale di un paese e di grande incertezza della sua politica monetaria.

c) Il fattore di aggiustamento.
Anche per la forza istituzionale occorre considerare degli aggiustamenti in relazione a particolari parametri quali, ad esempio:

1) i default precedenti. In tal caso l'impatto negativo sul punteggio totale dipende dalle aspettative dell'agenzia sul rischio di fallire di nuovo, dal tempo trascorso dall'ultimo default e dall'ammontare delle perdite che hanno dovuto sopportare gli investitori;

2) l'adeguatezza dei dati forniti dai Worldwide Governance Indicators. Moody's potrebbe considerare le stime fornite da questi indicatori come approssimative o inconsistenti e nel caso in cui le analisi empiriche o le aspettative

dell'agenzia divergano dai dati forniti dalla banca
mondiale, i suoi analisti potrebbero assegnare dei nuovi
valori che andrebbero a modificare il punteggio
precedentemente calcolato;
3) altre considerazioni sull'efficienza delle politiche. In
alcuni casi osservare i parametri indicati per valutare la
qualità delle istituzioni è poco utile.
Non tutte gli stati, ad esempio, hanno la sovranità
monetaria e non ha gran peso l'analisi dell'operato delle
banche centrali e dell'inflazione. Un indicatore da cui è
possibile, comunque, dedurre l'efficienza delle politiche
governative e la sua reattività ai fattori esogeni è la qualità
delle politiche fiscale, che coinvolge anche l'aderenza e il
rispetto di particolari normative.
Si tratta di un aspetto che può spingere gli analisti ad
aggiustare il punteggio per l'efficienza delle politiche
stimato in precedenza.

- **La solidità fiscale**. Il terzo indicatore chiave è la
solidità fiscale, che valuta la salute complessiva delle
finanze pubbliche. Dai dati di Moody's oltre un terzo dei
default sono strettamente collegati al persistere di squilibri
fiscali e dipendenza da creditori esterni che, con il passare
degli anni e in presenza di uno shock economico, hanno
contribuito a generare un debito insostenibile.
Ai fini della valutazione vengono misurati i seguenti
parametri:
a) L'onere del debito (*debt burden*).
La sua stima viene effettuata in base al valore del rapporto
debito/PIL e debito/entrate dello stato.
Per quanto non rappresenti una condizione né necessaria
né sufficiente per il default finanziario, il rapporto
debito/PIL rappresenta comunque un utile punto di
partenza per la valutazione della solidità fiscale.
Esso considera il debito lordo, includendo il debito del
governo centrale e di tutte le regioni e governi locali e nel

caso uno stato sia organizzato secondo un sistema federale il debito del governo centrale verrà analizzato separatamente.

Il rapporto debito/entrate fornisce invece un'approssimazione della capacità dello stato di ripagare il proprio debito in base alle risorse generate dallo stesso.

b) La sostenibilità del debito (*debt affordability*).

Per la sua determinazione della sostenibilità ricoprono un ruolo importante il rapporto spesa per interessi/entrate e quello spesa per interessi/PIL.

Il primo indica la misura in cui il governo remunera i creditori rispetto alla sua capacità di generare entrate, ma da esso si può anche carpire la volontà dei creditori di finanziare il deficit dello stato con o senza un premio per il rischio. Da tali osservazioni derivano implicazioni sia economiche che fiscali, poiché un'elevata spesa per gli interessi non solo si tradurrà in maggiore deficit ma limiterà il budget per la spesa pubblica pregiudicando la possibilità di sostenere la crescita di lungo termine.

Il secondo rapporto rappresenta un importante parametro per la valutazione della sostenibilità del debito.

c) Il fattore di aggiustamento.

I fattori di aggiustamento per la solidità fiscale sono tanti, molto più numerosi di quelli adoperati per gli altri indicatori.

I tre principali sono:

1) il trend del debito. Viene calcolato prendendo in considerazione la variazione percentuale del livello del debito rispetto al PIL in un determinato periodo di tempo. Il trend dà indicazioni sulla direzione del debito nel medio termine: nel caso in cui risulti decrescente, dunque sostenibile, potrebbe conseguire un aggiustamento positivo del punteggio della solidità fiscale, mentre viceversa il punteggio verrebbe diminuito;

2) il debito del governo in valuta estera. Quando si verifica

un default sovrano uno dei fattori più comuni è l'alta percentuale di debito espresso in valuta estera. Diverse analisi di Moody's, e non solo, dimostrano che in media durante l'anno antecedente il default, il debito pubblico di uno stato è per circa tre quarti in valuta estera. Ciò è spessissimo sintomo di crisi, al di là di rappresentare anche un segnale di fiducia da parte degli investitori esteri, in quanto l'ente sovrano è costretto a fare affidamento su creditori esterni a causa della debolezza del mercato interno.

La predominanza della quota del debito in valuta estera, inoltre, amplifica la sensibilità dell'economia nazionale a shock macroeconomici esterni e può implicare una crisi della valuta locale e il suo deprezzamento, comportando così maggiori costi per ripagare e sostenere il proprio debito espresso in valuta estera.

Gli analisti di Moody's, prima di procedere ad un eventuale aggiustamento, prendono in considerazione gli eventuali accorgimenti adottati dallo stato per calmierare il rischio di cambio (strategie di hedging), tenuto conto, ai fini della variazione di punteggio negativa, dell'onere complessivo del debito;

3) altri debiti del settore pubblico. Il debito pubblico si alimenta anche attraverso le imprese partecipate dallo stato e dagli enti locali. Imprese pubbliche con problemi di conti possono sottrarre importati risorse finanziarie al governo centrale e eventualmente costringerlo ad interventi di salvataggio, aumentando così il deficit pubblico.

Più le imprese pubbliche sono sommerse dai debiti, più è alta la probabilità che il governo centrale debba intervenire per evitarne il fallimento.

Gli analisti di Moody's valuteranno la concreta possibilità di tali scenari, apportando una variazione di segno negativo

sul punteggio generale della solidità fiscale nei casi in cui
essi siano confermati dalle analisi.

Completata la stima dei parametri, il risultato di ognuno
viene collocato in una delle 15 categorie di classificazione[50],
che vanno da Very High Plus (VH+) a Very Low Minus
(VL-).
Ogni categoria ha un proprio range di punteggio, per cui ad
ogni indicatore viene assegnato il punteggio medio della
categoria stessa.
Successivamente ogni punteggio viene moltiplicato per la
rispettiva ponderazione e il processo viene ripetuto per
ogni parametro che compone l'indicatore chiave.
A quest'ultimo corrisponderà un punteggio che va da 1 a
100 e potrà essere inserito in una delle categorie disposte
nella seguente figura:

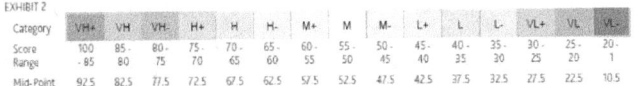

EXHIBIT 2

Category	VH+	VH	VH-	H+	H	H-	M+	M	M-	L+	L	L-	VL+	VL	VL-
Score Range	100 - 85	85 - 80	80 - 75	75 - 70	70 - 65	65 - 60	60 - 55	55 - 50	50 - 45	45 - 40	40 - 35	35 - 30	30 - 25	25 - 20	20 - 1
Mid-Point	92.5	82.5	77.5	72.5	67.5	62.5	57.5	52.5	47.5	42.5	37.5	32.5	27.5	22.5	10.5

I primi tre indicatori chiave possono poi essere soggetti ad
aggiustamenti positivi o negativi sulla base di quanto
suesposto, mentre la sensibilità ad eventi di rischio, il
quarto indicatore principale, viene stimato come funzione
massima dei punteggi dei relativi parametri che lo
compongono, vale a dire rischio politico, rischio di liquidità
del governo, rischio del settore bancario e rischio della
vulnerabilità esterna. Ciò implica che, non appena uno di
essi diventa ad elevato rischio, la sensibilità al rischio
dell'intera nazione viene indicata con il punteggio di quel
particolare livello.

---

[50] Moody's investor service *Sovereign Bond Ratings*
https://www.moodys.com/Pages/HowMoodysRatesSovereigns.aspx?stop_mobi
=yes

Stimato un livello per i quattro indicatori chiave, questi sono combinati secondo delle matrici.

La prima mostra la combinazione tra stabilità economica e forza istituzionale, i primi due indicatori chiave, e dà la misura della capacità di recupero dell'economia (economic resiliency):

Economic Strength

Institutional Strength	VH+	VH	VH-	H+	H	H-	M+	M	M-	L+	L	L-	VL+	VL	VL-
VH+	VH+	VH+	VH+			VH-	VH-	H+	H+	H	H	H-	H-	M+	M
VH	VH+			VH-	VH-	H+	H+	H	H	H-	H-	M+	M+	M	M-
VH-	VH+		VH-	VH-	H+	H+	H	H	H-	H-	M+	M+	M	M	L+
H+		VH-	VH-	H+	H+	H	H	H-	H-	M+	M+	M	M	M-	L+
H		VH-	H+	H+	H	H	H-	H-	M+	M+	M	M	M-	M-	L
H-	VH-	H+	H+	H	H	H-	H-	M+	M+	M	M	M-	M-	L+	L-
M+	VH-	H+	H	H	H-	H-	M+	M+	M	M	M-	M-	L+	L+	L
M	H+	H	H	H-	H-	M+	M+	M	M	M-	M-	L+	L+	L	L-
M-	H+	H	H-	H-	M+	M+	M	M	M-	M-	L+	L+	L	L	VL+
L+	H	H-	H-	M+	M+	M	M	M-	M-	L+	L+	L	L	L-	VL+
L	H	H-	M+	M+	M	M	M-	M-	L+	L+	L	L	L-	L-	VL
L-	H-	M+	M+	M	M	M-	M-	L+	L+	L	L	L-	L-	VL+	VL
VL+	H-	M+	M	M	M-	M-	L+	L+	L	L	L-	L-	VL+	VL+	VL
VL	M+	M	M	M-	M-	L+	L+	L	L	L-	L-	VL+	VL+	VL	VL-
VL-	M	M-	L+	L+	L	L	L-	L-	VL+	VL+	VL	VL	VL-	VL-	VL-

La seconda la combinazione tra la capacità di recupero dell'economia e la solidità fiscale:

Fiscal Strength

Economic Resiliency	VH+	VH	VH-	H+	H	H-	M+	M	M-	L+	L	L-	VL+	VL	VL-	Weight (ER/FS)
VH+	VH+	VH+	VH+	VH+	VH+	VH+	VH+	VH+	VH+	VH	VH	VH	VH	VH	VH-	
VH				VH-	VH-	VH-	VH-	VH-	H+	H+	H+	H	H	H+	H	80/20
VH-		VH-	VH-	VH-	VH-	H+	H+	H+	H+	H	H	H	H	H-	
H+	VH-	VH-	H+	H+	H	H	H	H-	H-	H-	H-	M+	M+	M	M	
H	VH-	H+	H+	H	H	H	H-	H-	H-	H-	M+	M+	M+	M	M	70/30
H-	H+	H	H	H	H-	H-	H-	M+	M+	M+	M+	M	M	M	M-	
M+	H+	H	H-	H-	M+	M+	M+	M	M	M	M-	M-	L+	L+	L	
M	H	H-	H-	H-	M+	M+	M	M	M	M-	M-	L+	L+	L+	L	60/40
M-	H	H-	M+	M+	M+	M	M	M-	M-	M-	L+	L+	L	L	L-	
L+	M+	M	M	M	M-	M-	M-	L+	L+	L+	L	L	L	L-	L-	
L	M	M-	M-	M-	M-	L+	L+	L+	L+	L	L	L	L-	L-	L-	75/25
L-	M-	M-	L+	L+	L+	L+	L	L	L	L	L-	L-	L-	L-	VL+	
VL+	L-	L-	L-	L-	L-	L-	L-	VL+	VL+	VL+	VL+	VL+	VL+	VL+	VL+	
VL	VL+	VL+	VL+	VL+	VL+	VL+	VL+	VL+	VL+	VL	VL	VL	VL	VL	VL	90/10
VL-	VL-	VL-	VL-	VL-	VL-	VL-	VL-	VL-	VL-	VL-	VL-	VL	VL-	VL-	VL-	

Da questa si evince che il merito di credito delle nazioni
con una moderata capacità di ripresa moderata é più
sensibile alle variazioni della solidità fiscale, mentre gli
stati con una contenuta economic resiliency tendono ad
assumere punteggi bassi indipendentemente dal fattore
fiscale.

La combinazione tra questi indicatori chiave genera il
punteggio alfanumerico indicatio sulla scala di rating di
Moody's.

Per quanto concerne, infine, il quarto fattore chiave, la
sensibilità agli eventi di rischio, esso può solo far diminuire
il punteggio alfanumerico calcolato in precedenza.
La diminuzione, che non sarà applicata se il rischio
risulterà molto basso, si avrà se la stima del rischio risulta
bassa o media, peggiorando più che proporzionalmente nei
casi di valutazione di rischio alto o molto alto.

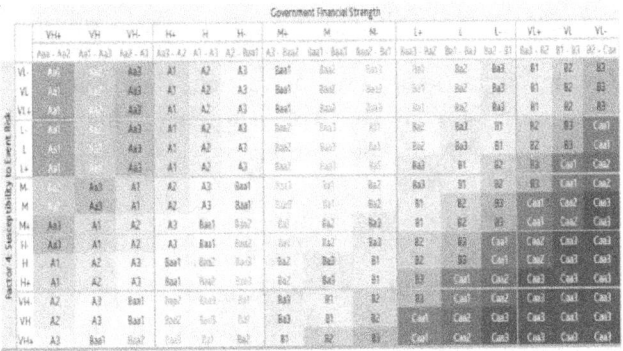

Standard and Poor's[51] prende invece in considerazione cinque fattori principali: l'efficacia governativa e istituzionale, la struttura economica e le prospettive di crescita, la liquidità esterna e gli investimenti internazionali netti, la performance e flessibilità fiscale e la flessibilità monetaria.

Ognuno di essi può ricevere un valore (punteggio) su una scala da 1 (eccellente) a 6 (pessimo).

Dalle combinazioni di questi fattori vengono poi individuati due profili dell'ente sovrano oggetto di valutazione: il primo di carattere economico e istituzionale (dato dalla media del punteggio del profilo istituzionale e quello economico), il secondo riguardante la flessibilità e la performance (determinato dalla media dei punteggi esterno, fiscale e monetario).

Questi due profili vengono considerati congiuntamente per determinare il rating sovrano in valuta estera secondo un'apposita matrice, dopo aver tenuto conto, dove necessario e possibile, degli aggiustamenti straordinari.

Il rating sovrano in valuta locale viene determinato applicando da zero a due livelli (notche) di aumento a partire dal rating in valuta estera.

I rating in valuta locale possono essere superiori rispetto ai rating in valuta estera dato che l'affidabilità creditizia nella valuta locale potrebbe essere sostenuta dai poteri che hanno gli stati nellambito dei propri confini nazionali, come quello di emettere valuta locale e controllo normativo del sistema finanziario nazionale.

Quando uno Stato è membro di un'unione monetaria e, quindi, cede i poteri relativi alla politica monetaria e di

---

[51]https://www.spratings.com/documents/20184/798040/I+criteri+dei+rating+so vrani/072a8f91-0a95-4d62-b6ca-61614af2630c

cambio ad una banca centrale comune, o quando usa la valuta di un altro stato, il rating in valuta locale e quello in valuta estera coincidono.

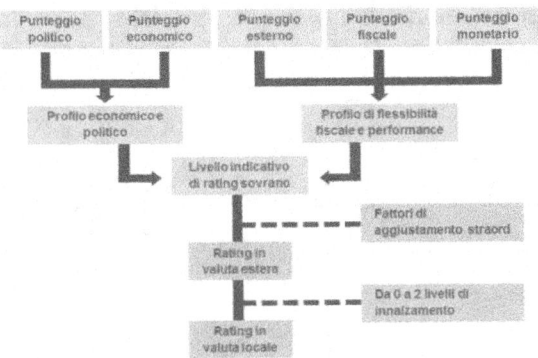

Fitch[52] fonda invece la sua valutazione del rating sovrano su quattro fattori principali (come Moody's), vale a dire le caratteristiche strutturali dell'economia, in cui vengono presi in considerazione anche i rischi del settore finanziario e istituzionale, le performance macroeconomiche, le politiche e le prospettive, che include le prospettive di crescita e di stabilità economica e la coerenza e credibilità della linea politica seguita, le finanze pubbliche, in cui sono analizzate la struttura e la sostenibilità del debito e le passività potenziali, le finanze esterne, dove vengono incluse la sostenibilità del conto delle partite correnti e la struttura del debito esterno.

Una peculiarità di Fitch è quella di aver sviluppato un modello di rating sovrano (denominato SRM - Sovereign Rating Model) che genera un punteggio calibrato in valuta

---

[52] https://www.fitchratings.com/sovereigns/interactive-sovereign-rating-model

estera sul lungo termine.

Si tratta di un modello di rating più che una probabilità di default ed incorpora una combinazione di dati storici, correnti e futuri. Nello specifico si tratta di un modello a regressione multipla che impiega 18 variabili provenienti da diverse fonti quali la stessa agenzia, la Banca Mondiale e il Fondo Monetario.

5.5 Etica, epica, pathos e ... conflitti d'interesse

L'importanza delle agenzie di rating è indiscutibile, le battaglie portate avanti dai loro fondatori pur di aumentare il grado di trasparenza e limitare le asimmetrie informative dei mercati finanziari sono ammirevoli, se non addirittura epiche considerando il periodo in cui sono riusciti ad emergere e a diffondere le loro idee, ad esempio, John Moody o Henry Varnum Poor, e la possibilità per i risparmiatori di maturare maggiore consapevolezza nelle scelte d'investimento grazie al loro operato è palese, ma da almeno un paio di decenni sono state sollevate serie e, spesso, fondate perplessità sull'operatività e obiettività di queste.

Perplessità alimentate, ad esempio, dal mancato riconoscimento dei rischi legati ad aziende come Enron, Cirio, Parmalat o Lehman Brothers, che addirittura hanno beneficiato di rating elevati o comunque lontani anni luce dal rappresentare la reale situazione finanziaria di queste anche pochi giorni prima del loro tracollo, o dalla totale assenza di segnali che aiutassero a capire la scarsa integrità

del sistema prima dello scoppio della crisi del 2008.
Anzi, attraverso l'emissione di rating e la pubblicazione di analisi sempre più che positive, è possibile affermare che enorme è stata la loro responsabilità nel gonfiare la bolla dei mutui subprime il cui scoppio avrebbe da lì a poco causato la Grande recessione. Per non parlare dei problemi causati successivamente alle finanze pubbliche ed all'economia degli stati i cui debiti pubblici sono stati da esse stesse declassati.

Eppure sembrava di vivere un periodo storico in cui da un momento all'altro sarebbe esploso tutto e molto rovinosamente.
Nel mercato del credito le maglie s'erano talmente allargate che pareva essersi aperta una vera e propria caccia ai clienti pur di rifilargli un mutuo o un prestito indipendentemente dalla qualità dei loro profili di rischio.
In quello degli investimenti si assisteva una corsa ai prodotti a più elevato rendimento reputandoli, paradossalmente, poco rischiosi o addirittura sicuri.
I redditi ai fini della concessione di credito venivano stimati in crescita costante ed inarrestabile (anche sulla base di percentuali annue a doppia cifra) sebbene stipendi e salari fossero congelati, almeno in Italia e gran parte dei paesi europei.
I risparmiatori ai quali venivano rifilati investimenti, di fatto, molto speculativi parevano avere tutti dei profili di clientela esperta e super istruita in materia finanziaria.
I manager e i loro più fidi collaboratori operanti in questi mercati mietevano record su record (e bonus su bonus) e la parola d'ordine era quella di perfezionare il più rapidamente possibile ogni contratto con i clienti. Meglio prestando meno attenzione possibile alla loro documentazione reddituale, alle fonti di provenienza dei loro capitali e alle informazioni da essi fornite.

Ogni giorno sembrava essere l'ultimo prima del botto e tutto si reggeva su un sistema che in ultima istanza, come abbiamo visto discorrendo della crisi dei mutui subprime nel secondo capitolo, aveva come metro principale di valutazione monetaria il mercato immobiliare e l'impressionante bolla speculativa che lo stava caratterizzando da diversi anni.

Tutto mostruosamente disancorato dall'economia reale e, in generale, dalla realtà, come gli stessi giudizi delle agenzie. Mentre la parola d'ordine per i comuni cittadini, ricordiamolo, era spending review.

A dire il vero, il problema principale è a monte e i più forti dubbi sull'operato e sul ruolo stesso delle agenzie di rating vertono sul potenziale conflitto d'interesse in cui esse si trovano.

Per quanto siano da statuto indipendenti e rivendichino il loro ruolo di terzietà, a finanziare le loro analisi che le condurranno ad emettere i rating sono le stesse società valutate o investitori dotati di grossi capitali da collocare sul mercato, qualcuno dei quali magari anche loro importante azionista.

La possibilità, poi, che il rating, se negativo, non venga pubblicato alimenta il rischio di aggiotaggio e di insider trading, in quanto l'omissione o la diffusione tardiva delle informazioni capaci di impattare sul prezzo di un titolo potrebbe favorire la clientela dell'agenzia di rating che avesse accesso a tali informazioni privilegiate prima del pubblico.

Diffidare dell'obiettività del giudizio e dell'impeccabilità con cui vengano rispettate ed adottate le procedure è, dunque, il minimo sindacale.

E non è un caso che nel 2008 la Commissione europea ha diramato una "draft regulation" per le agenzie di rating, approvata dal Parlamento europeo e dal Consiglio

Europeo, rispettivamente, ad aprile e luglio 2009, per introdurre importanti novità in fatto di prevenzione del conflitto di interesse, governance più autonoma e verifica delle procedure di valutazione.

Con gli accordi di Basilea III del 2011, con i quali è stata introdotta una nuova regolamentazione con lo scopo di migliorare la capacità del settore bancario di assorbire gli shock finanziari, rendere più trasparenti attività di enti e istituti e migliorare la capacità di previsione e gestione dei rischi, si è stabilito l'aumento dei requisiti prudenziali delle banche e, per l'Unione Europea, una più stretta regolamentazione delle agenzie di aating.

Sempre nel 2011, a gennaio, è stata fondata l'ESMA, l'autorità europea degli strumenti finanziari e dei mercati. L'organismo, costituito da tutte le autorità di vigilanza dei mercati dell'Unione Europea, ha il compito di sorvegliare il sistema finanziario europeo tutelando gli investitori. All'ESMA è affidata la vigilanza diretta delle agenzie di rating e l'applicazione del regolamento europeo 1060/2009, noto come CRA Regulation.

L'introduzione della CRA Regulation rappresenta un importante punto di svolta.
Fino al 2009, infatti, il controllo delle attività delle agenzie di rating era affidato ai singoli Stati e soltanto alcuni prevedevano una normativa specifica. Con il regolamento 1060/2009 si riconosce, e questa è una novità di assoluto rilievo, la necessità di una normativa comune e si stabiliscono i requisiti per operare come agenzia di rating nell'ambito della CE.
Per operare come Agenzia di Rating è innanzitutto necessario ottenere la registrazione dell'ESMA quale CRA, Credit Rating Agency, e rientrare nell'elenco ufficiale di ECAI (External Credit Assessment Institutions), termine

col quale si definiscono tutte le istituzioni, diverse da banche e assicurazioni, autorizzate ad emettere rating di credito.

L'autorizzazione dell'ESMA ad operare come CRA viene concessa soltanto dopo l'esame della sussistenza dei requisiti stabiliti dal regolamento 1060/2009.

Alle agenzie viene quindi richiesto la pubblicazione di informazioni aggiornate sulla propria indipendenza e sulla gestione dei conflitti di interesse, sui servizi forniti, sulle politiche riguardanti la pubblicazione dei rating e la loro remunerazione e sul codice di condotta adottato.

Ogni anno, inoltre, sono tenute a redigere una relazione di trasparenza e a sottoporre le metodologie utilizzate nell'emissione del rating alla validazione e alla revisione dell'ESMA.

Pper rientrare nell'elenco di ECAI occorrono ulteriori due passaggi, quali la pubblicazione del mapping sul sito della European Banking Authority (EBA) e il riconoscimento sulla pari qualità dei rating solicited (richiesti dal soggetto valutato) e unsolicited (richiesti da soggetti terzi).

Il mapping è la tabella con cui le classi di rating adoperate dalle agenzie vengono equiparate ai Credit Quality Step, le classi di merito del credito definite dagli standard tecnici europei (Implementing Technical Standards - ITS). Si tratta di una procedura consente di uniformare i giudizi, stabilendo parametri univoci per tutti. Per le agenzie che emettono sia rating solicited che unsolicited è inoltre richiesto di dimostrare la pari qualità di entrambe le tipologie.

Infatti, a differenza dei rating solicited, che nella valutazione considerano anche dati e documenti privati forniti dal soggetto stesso, i rating unsolicited si basano sui soli dati pubblici, ma non per questo è accettabile che possano fornire valutazioni meno accurate e approfondite delle altre.

L'attività di vigilanza, come abbiamo anticipato, spetta all'ESMA, cui tocca monitorare i rating emessi dalle agenzie, attraverso indagini documentali e verificando eventuali mancanze segnalate o denunciate da soggetti terzi.
L'ESMA, nel caso constati una violazione del regolamento, può imporre sanzioni adeguate alla violazione, dal pagamento di una multa alla revoca della registrazione.

Concludo menzionando un passaggio chiave del Regolamento europeo 1060/2009:
"*È opinione generale che le agenzie di rating del credito non siano state capaci, in primo luogo, di adeguare tempestivamente i loro rating al peggioramento delle condizioni del mercato e, in secondo luogo, di adattare per tempo i loro rating del credito in seguito all'aggravarsi della crisi del mercato. Il modo migliore per porre rimedio a queste incapacità è adottare misure in materia di conflitti di interesse, qualità dei rating, trasparenza e governance interna delle agenzie di rating del credito*".

Riferimenti

https://www.bancaditalia.it

http://www.rgs.mef.gov.it

http://www.istat.it/it/

http://www.bancaditalia.it/statistiche/

http://www.dt.mef.gov.it/it/debito_pubblico/

https://www.borsaitaliana.it/homepage/homepage.htm

https://it.wikipedia.org/

Ministero del Tesoro. Relazione del direttore generale alla Commissione parlamentare di Vigilanza. Il debito pubblico in Italia 1861 – 1987. Roma, 1988

Banca d'Italia. Il debito pubblico italiano dall'Unità a oggi. Una ricostruzione della serie storica. Questioni di Economia e Finanza, n. 31. A cura di Maura Francese e Angelo Pace,
ottobre 2008

Dipartimento della Ragioneria Generale dello Stato, La spesa dello stato dall'unità d'Italia
1862-2009. Roma

Banca d'Italia. Relazione Annuale 2018. Roma, 31 maggio 2019

https://www.ilsole24ore.com/art/debito-pubblico-come-quando-e-perche-e-esploso-it alia-AEMRbSRG

https://www.focus.it/cultura/storia/28-ottobre-1922-marcia-su-roma-che-cosa-e-succ esso

Moneta, informazione e incertezza. A. Charles Goodhart. A cura di G. B. Pittaluga e G. Vaciago. Il Mulino, 1994

Lezioni di macroeconomia. Olivier J. Blanchard, Stanley Fischer. Il Mulino, 1992

Economia due. Macroeconomia, equilibrio, crescita. S. Lombardini, UTET, 1992

https://www.economiaepolitica.it/primo-piano/austerita-espansiva-e-i-numeri-sbagliati-di-reinhart-e-rogoff/

https://keynesblog.com/2018/01/25/lausterita-espansiva-e-i-suoi-oppositori/

https://formiche.net/2020/05/paladino-dellausterita-espansiva/

https://www.lavoce.info/archives/8919/quel-nesso-da-dimostrare-tra-debito-e-crescita/

https://www.lavoce.info/archives/9942/quel-che-resta-di-reinhart-e-rogoff/

https://www.lavoce.info/archives/14197/lausterita-non-e-solo-figlia-della-stupidita/

https://www.lavoce.info/archives/35890/atene-dove-fallisce-la-politica-europea/

https://www.lavoce.info/archives/54922/tutta-colpa-dellausterita/

https://www.lavoce.info/archives/57292/austerita-quando-funziona-e-quando-no/

https://www.lavoce.info/archives/57985/ridurre-il-debito-con-il-consenso-dei-cittadini/

https://keynesblog.com/2013/04/18/il-debito-pubblico-deprime-la-crescita-il-clamoroso-errore-di-carmen-reinhart-e-kenneth-rogoff/

Growth in a Time of Debt – by Carmen M. Reinhart and Kenneth S. Rogoff, American Economic Review: Papers & Proceedings 100 pag. 573–578, 05/2010

National Bureau of Economics Research (http://www.nber.org)

https://confrontaconti.ilsole24ore.com/guida-rating/agenzie-di-rating.aspx?refresh_ce=1

https://www.spratings.com/documents/20184/86990/Come%2BFunziona%2Bll%2BProcesso%2BDi%2BRating%2BE%2Bll%2BMonitoraggio/781d85ba-e620-4dcd-bbfc-8a847a79bdb5

https://www.spratings.com/documents/20184/798040/I+criteri+dei+rating+sovrani/072a8f91-0a95-4d62-b6ca-61614af2630c

https://www.moodys.com/Pages/HowMoodysRatesSovereigns.aspx?stop_mobi=yes

https://www.fitchratings.com/sovereigns/interactive-sovereign-rating-model

https://st.ilsole24ore.com/art/commenti-e-idee/2013-06-17/leuropa-severa-agenzie-rating-064025.shtml?uuid=AbFndc5H

https://www.repubblica.it/economia/lemma/agenzie_di_rating-219825066/

https://www.adviseonly.com/economia-e-mercati/bce-di-draghi-lancia-qe-cosa-vuol-dire/

Il mondo del credito al consumo: Il mercato del credito e i principali strumenti di finanziamento destinati ai privati consumatori. A cura di Marco Notari, 2 dicembre 2015. Amazon Media EU

Pillole di finanza: mercato dei capitali, mercato monetario, debito pubblico e rating. A cura di Marco Notari, 8 maggio 2017. Amazon Media EU

Consulente creditizio e finanziario indipendente durante le sue primissime esperienze lavorative, impiegato nel settore del credito al consumo da diversi anni, Marco segue con particolare interesse il mondo dell'economia, il web e la finanza.

Nelle sue esperienze passate di web content editor e web journalist ha scritto diversi post e articoli in merito alla Grande recessione, i mercati finanziari e creditizio, la speculazione internazionale, le dinamiche del debito pubblico italiano, le politiche monetarie adottate dale banche centrali e il rating, molti dei quali hanno fornito lo spunto per questa pubblicazione.